트렌드 기초
영어 회화

마인드
박스

유튜브에서
〈트렌드 기초 영어 회화〉를
검색하세요.

MP3

blog.naver.com/**mindbox1**

트렌드 기초
영어 회화

개정판 1쇄 **발행** 2025년 4월 10일
개정판 1쇄 **인쇄** 2025년 4월 5일

저자	더 콜링		
발행처	**마인드박스**		
발행인	강신갑		
주소	서울시 마포구 포은로2나길 31 벨라비스타 208호		
등록번호	105-91-62861	**등록일자**	2011년 7월 10일
전화	02.406.0047	**팩스**	02.406.0042
이메일	mindbox1@naver.com		
MP3 다운로드	blog.naver.com/mindbox1		

ISBN   979-11-94500-03-2 (13740)
값   17,000원
ⓒ MINDBOX, 2025

＊ 영어 표현이 한눈에!

왕초보에서 초·중급까지 모두에게 필요한 영어 기초 표현이 여기에 있습니다. 인사, 여행, 쇼핑, 사건 & 사고 등 언제 어디서나 필요한 표현을 바로 찾아 다양한 문장을 구사할 수 있습니다. 이제까지 보디랭귀지와 단어 나열로 상황을 모면했다면, 지금부터 이 책에서 공부한 표현들로 마음껏 이야기해 보세요.

＊ 영어 발음이 한눈에!

왕초보도 영어를 쉽게 읽을 수 있도록 원어민 발음과 가까운 소리로 한글 발음을 각 표현 밑에 표기했습니다. 단어와 단어 사이가 연음이 되는 부분까지 세심히 체크하여 반영한 한글 표기를 따라 읽고, 동영상 자료와 MP3를 비교해 들으면서, 자신 있게 현지 발음을 구사해 보세요.

＊ 영어 글씨가 한눈에!

영어 공부 자체도 어려운데, 작고 빽빽한 영어 글씨에 지친 학습자를 위한 '큰글씨' 영어회화 책입니다. 한눈에 보여서 쉽고, 영어권 사람들과 바로 통하는 표현들만 있어 더 쉽게 다가오는 이 책으로 막힘없이 영어를 말해 보세요.

＊ 말하기 집중 훈련 유튜브 영상 & MP3!

이 책에 있는 모든 회화 표현을 원어민의 정확한 발음으로 녹음한 MP3 파일과 본문 영상을 제공합니다. Unit마다 QR코드를 스캔하여 영상 자료를 쉽게 찾아볼 수 있습니다. 자주 듣고 큰 소리로 따라 말하며 학습 효과를 높여 보세요.

영어 알파벳과 발음

영어의 알파벳은 26개입니다. 각각 대문자와 소문자가 있는데,
고유명사의 첫글자나 약자 등은 대문자로 표기하는 것이 일반적입니다.
알파벳은 우리말의 ㄱ, ㄴ, ㄷ처럼 한 가지 소리를 내는 것이 아니라,
여러 가지로 발음될 수 있기 때문에 각 단어에서 어떤 발음으로 쓰이는지
발음기호를 확인해 볼 필요가 있습니다. 각 알파벳이 내는 대표적인
발음 위주로 알아보겠습니다.

1. 알파벳 Alphabet 앨퍼벳   MP3. C0

A / a 에이	**B / b** 비-	**C / c** 씨-
arrow [애로우] 화살	**ba**by [베이비] 아기	**c**at [캣] 고양이
D / d 디-	**E / e** 이-	**F / f** 에프
dog [더억] 개	**e**nergy [에너쥐] 에너지	**f**rog [프러억] 개구리

4

G / **g** 쥐-	**H** / **h** 에이취	**I** / **i** 아이
garden [가-든] 정원	**h**at [햇] 모자	**i**mportant [임퍼-턴(ㅌ)] 중요한
J / **j** 제이	**K** / **k** 케이	**L** / **l** 엘
jacket [재킷] 재킷	**k**ing [킹] 왕	**l**emon [레먼] 레몬
M / **m** 엠	**N** / **n** 엔	**O** / **o** 오우
milk [밀(ㅋ)] 우유	**n**ame [네임] 이름	**o**nio**n** [어년] 양파
P / **p** 피-	**Q** / **q** 큐-	**R** / **r** 아알
piano [피애노우] 피아노	**q**uiz [쿠이(ㅈ)] 퀴즈	**r**ibbon [리번] 리본

S / s	T / t	U / u
에스	티-	유-
ski	**t**oy	**u**gly
[스키-]	[터이]	[어글리]
스키	장난감	못생긴

V / v	W / w	X / x
비-	더블유-	엑스
volcano	**w**ater	bo**x**
[바알케이노우]	[워-터]	[박(ㅅ)]
화산	물	상자

Y / y	Z / z
와이	지-
yellow	**z**oo
[옐로우]	[주-]
노란색	동물원

2. 발음

① A a [에이]

a가 낼 수 있는 발음 중, 가장 대표적인 [애]와 [에이]에 대해
연습합니다.

- [애]   ask [애슥] 질문하다/ arrow [애로우] 화살
- [에이] face [페이(ㅆ)] 얼굴/ race [레이(ㅆ)] 경주

tip. 그밖에 about의 [어] 발음도 있습니다.

② B b [비-]

b는 단어에서 우리말의 ㅂ [비읍]과 비슷한 발음을 냅니다.

- [브]   baby [베이비] 아기/ bear [베어] 곰

③ C c [씨-]

c는 단어에서 [크]와 [쓰] 발음을 냅니다.
또 h와 붙은 ch는 [츠] 발음이 납니다.

- [크]   cake [케익] 케이크/ cup [컵] 컵
- [쓰]   city [씨티] 도시/ ceiling [씨-링] 천장
- [츠]   cheese [치-(ㅈ)] 치즈/ chair [체어] 의자

④ **D d** [디-]

d는 단어에서 우리말의 ㄷ [디귿]과 비슷한 발음입니다.

- [드]   **d**og [더억] 개/ **d**ress [드레(ㅅ)] 드레스

⑤ **E e** [이-]

e는 여러 가지 발음이 있지만, 대표적으로 [에]와 [이-]가 있습니다.

- [에]   **e**nergy [에너쥐] 에너지/ **e**ight [에잇] 여덟, 8
- [이-]   sh**ee**p [쉬입] 양/ d**ee**p [디입] 깊은

⑥ **F f** [에프]

f는 우리말의 'ㅍ'도 아니고 'ㅎ'도 아닌 우리말에 없는 발음이라 편의상 [프]로 표기합니다. 윗니로 아랫입술을 살짝 물고 바람을 통과시키며 내는 발음입니다.

- [프]   **f**rog [프러억] 개구리/ **f**ork [퍼-(ㅋ)] 포크

⑦ **G g** [쥐-]

g는 단어에서 [그]와 [즈] 발음을 냅니다.

- [그]   **g**ray [그레이] 회색/ **g**arden [가-든] 정원
- [즈]   **g**iraffe [저래(ㅍ)] 기린/ **g**entleman [젠틀먼] 신사

⑧ **H h** [에이취]

h는 단어에서 우리말의 ㅎ [히읗]과 비슷한 발음입니다.

- [흐]   **h**at [햇] 모자/ **h**and [핸(ㄷ)] 손

⑨ **I i** [아이]

i가 낼 수 있는 발음은 여러 가지지만, 그중 많이 쓰이는
[이]와 [아이]를 연습합니다.

- [이]   **i**mportant [임퍼-턴(ㅌ)] 중요한/ **i**nk [잉(ㅋ)] 잉크
- [아이] dr**i**ve [드라이(ㅂ)] 운전하다/ **i**ce [아이(ㅆ)] 얼음

⑩ **J j** [제이]

j는 단어에서 우리말의 ㅈ [지읒]과 비슷한 발음입니다.

- [즈]   **j**am [잼] 잼/ **j**ump [점(ㅍ)] 점프

⑪ **K k** [케이]

k는 단어에서 우리말의 ㅋ [키읔]과 비슷한 발음입니다.
c의 [크] 발음과 같습니다.

- [크]   **k**ing [킹] 왕/ **k**ey [키-] 열쇠

tip. **k**nife [나이(ㅍ)]처럼 단어에서 발음이 나지 않는 k도 있습니다.

⑫ L l [엘]

l은 단어에서 우리말의 ㄹ [리을]과 비슷한 발음입니다.

- [르]   lemon [레먼] 레몬/ leg [렉] 다리

⑬ M m [엠]

m은 단어에서 우리말의 ㅁ [미음]과 비슷한 발음입니다.

- [므]   moon [무운] 달/ milk [밀(ㅋ)] 우유

tip. 단어의 처음에 올 때는 [므]의 소릿값을 갖지만,
　　 mom [맘]처럼 m이 모음 뒤에 오면 우리말의 받침 ㅁ이 됩니다.

⑭ N n [엔]

n은 단어에서 우리말의 ㄴ [니은]과 비슷한 발음입니다.

- [느]   name [네임] 이름/ new [누-] 새로운

⑮ O o [오우]

o는 다양한 발음으로 활용되는 모음입니다.
대표적인 발음으로 [아], [오우], [어]에 대해 살펴보겠습니다.

- [아]   octopus [악터퍼(ㅅ)] 문어/ owl [아울] 올빼미
- [오우] nose [노우(ㅈ)] 코/ tone [토운] 소리
- [어]   oven [어번] 오븐/ onion [어년] 양파

⑯ P p [피-]

p는 단어에서 우리말의 ㅍ [피읖]과 비슷한 발음입니다.
앞서 배운 f의 발음과 차이가 있기 때문에 주의해야 합니다.
p는 입을 다물고 있다가 힘 있게 [프]라고 합니다.

- [프]   **p**ot [팟] 냄비/ **p**arty [파-티] 파티

⑰ Q q [큐-]

q는 단어에서 우리말의 ㅋ [키윽]과 비슷한 음이 나지만,
앞서 배운 c와 k의 [크]와는 차이가 있습니다. 일반적으로 q 뒤에
u가 오기 때문에 실제적으로는 [크우] 발음에 가깝습니다.

- [쿠이]   **q**uiz [쿠이(ㅈ)] 퀴즈/ **q**ueen [쿠이인] 여왕

⑱ R r [아알]

r은 단어에서 우리말의 ㄹ [리을]과 비슷한 음이긴 하지만,
앞서 배운 l의 발음과 차이가 있습니다.
r 발음 역시 우리말로 표기할 수 없는데, 혀를 동그랗게 말아서
혀끝을 입천장에 닿을락 말락 한 상태로 만들고 [르]라고 합니다.

- [르]   **r**ose [로우(ㅈ)] 장미/ **r**abbit [래빗] 토끼

⑲ S s [에스]

s는 우리말의 ㅅ [시옷]과 비슷한 발음입니다.
또 h와 붙은 sh는 바람이 새는 소리 같은 [쉬]라고 합니다.

- [스]   **s**ki [스키-] 스키/ **s**and [샌(ㄷ)] 모래

- [쉬]   **sh**ake [쉐익] 흔들다/ **sh**irt [셔-(ㅌ)] 셔츠

⑳ T t [티-]

t는 우리말의 ㅌ[티읕]과 비슷한 발음입니다. 또 h와 붙은 th는
혀끝을 이 사이에 물었다가 놓으면서 내는 [쓰]와 [드] 발음을 냅니다.

- [트] **t**oy [터이] 장난감/ **t**iger [타이거] 호랑이
- [쓰] **th**umb [썸] 엄지손가락/ **th**ief [씨-(ㅍ)] 도둑
- [드] **th**at [댓] 저것/ **th**ere [데어] 거기

㉑ U u [유-]

모음 u는 [어]와 [우-]가 대표적인 발음입니다.

- [어] **u**p [업] 위로/ **u**gly [어글리] 못생긴
- [우-] fr**ui**t [프루웃] 과일/ J**u**ne [주운] 6월

㉒ V v [비-]

v도 우리말로 표기할 수 없는 발음 중 하나입니다.
f를 발음하듯이 윗니로 아랫입술을 살짝 물고 떨면서 바람 빼는
소리를 냅니다. 편의상 [브]라고 표기합니다.

- [브] **v**est [베슷] 조끼/ **v**iolin [바이얼린] 바이올린

㉓ W w [더블유-]

w는 편의상 [우]라고 표기하긴 하지만, [워]에 가까운 발음입니다.
[우] 하듯이 입을 내밀고 힘있게 [우어]라고 발음합니다.

- [우] **w**olf [울(ㅍ)] 늑대/ **w**ater [워-터] 물

㉔ **X x** [엑스]

x는 대부분 단어의 끝에서 [크(ㅅ)] 소리가 납니다.

- [크(ㅅ)] ax [액(ㅅ)] 도끼/ box [박(ㅅ)] 상자

tip. **x**ylophone [자일러포운]처럼 x의 뒤에 모음이 올 때는 [즈] 발음이 납니다.

㉕ **Y y** [와이]

y는 원래 자음으로 분류하지만, 모음 역할도 하기 때문에
준모음으로 분류하는 경우도 있습니다.
[이] 소리 뒤에 약하게 [야] 소리가 있다고 생각하면 이해하기
쉽습니다. 그 외에 [아이], [이] 발음이 납니다.

- [이야] **y**ak [액] 야크/ **y**ellow [옐로우] 노란색

- [아이] fl**y** [플라이] 날다/ cr**y** [크라이] 울다

- [이]　　happ**y** [해삐] 행복한/ pa**y** [페이] 지불하다

㉖ **Z z** [지-]

z는 단어에서 우리말의 ㅈ [지읒]과 비슷한 발음입니다.
앞서 배운 j와는 차이가 있습니다. j는 뭉개듯 소리 내고,
z는 이와 잇몸을 진동하듯 떨면서 냅니다.

- [즈]　　**z**oo [주-] 동물원/ **z**ero [지로우] 영, 0

차례

Chapter 3   어디에서든 문제없어!

Chapter 7　　너희들 덕에 편하구나!

Chapter 1

이 정돈 기본이에요!

"How are you?"
"I'm fine, and you?"
이 기계적 대화에 지치신 분들은 여기를 보세요!
기본 중에 기본,
인사부터 소개, 응답, 전화 표현까지
모두 있습니다!

Words

○ **greet** 그리잇
v. 인사하다

○ **introduce** 인츠러듀-(ㅆ)
v. 소개하다

○ **man** 맨
n. 남자

○ **woman** 우먼
n. 여자

○ **name** 네임
n. 이름

○ **nationality** 내셔낼러티
n. 국적

○ **nation** 네이션
n. 국가, 나라

○ **language** 랭귀쥐
n. 언어

○ **phone number** 포운 넘버
전화번호

○ **job** 잡
n. 직업

○ **friend** 프렌(ㄷ)
n. 친구

○ **thank** 쌩(ㅋ)
= **appreciate** 어프리-씨에잇
v. 감사하다

○ **kind** 카인(ㄷ)
a. 친절한

○ **sorry** 서-리
a. 미안하게 생각하는,
유감스러운, 안타까운

○ **pardon** 파-든
n. 용서
v. 용서하다, 너그러이 봐주다

○ **help** 헬(ㅍ)
n. 도움, 원조
v. (~하는 것을) 도와주다

처음 만났을 때

○ 처음 뵙겠습니다.
→ How do you do?
하우 두 유 두

○ 우리 초면인 것 같네요.
전 김지나입니다.
→ I don't think we've met. I'm Kim Gina.
아이 도운(ㅌ) 씽(ㅋ) 위(ㅂ) 멧. 아임 김 지나

○ 만나서 반갑습니다.
→ Nice to meet you.
나이(ㅅ) 투 미잇 유

→ I'm glad to see you.
아임 글랫 투 시- 유

glad 기쁜

○ 직접 뵙게 되어 반갑습니다.
→ I'm so glad to meet you in person.
아임 소우- 글랫 투 미잇 유 인 퍼-슨

in person 직접

○ 만나 뵙게 되어 영광입니다.
→ I'm honored to meet you.
아임 어너-(ㄷ) 투 미잇 유

honor 존경하다

28

○ 말씀 많이 들었습니다.	→ I've heard so much about you. 아이(ㅂ) 허-(ㄷ) 소우- 머취 어바웃 유 → I've heard a great deal about you. 아이(ㅂ) 허-(ㄷ) 그레잇 디일 어바웃 유

great deal 많이

○ 파커 씨가 당신 이야기를 많이 했어요.	→ Mr. Parker often speaks of you. 미스터 파-커 어-펀 스피익 서 뷰
○ 마이크 씨, 엠마 씨 아세요?	→ Mr. Mike, have you met Ms. Emma? 미스터 마익, 해 뷰 멧 미(ㅈ) 엠마
○ 아직 그런 기쁨을 가진 적이 없네요.	→ I haven't had the pleasure. 아이 해븐(ㅌ) 햇 더 플레져 ↘ 의역하면 '초면입니다'라는 의미입니다. 뒤에 to meet you나 to get to know you와 같은 말이 생략된 표현입니다.
○ AB 사의 에이미 피셔 씨군요.	→ You must be Mrs. Amy Fisher from AB Co. 유 머슷 비- 미시(ㅈ) 에이미 피셔 프럼 에이비- 컴패니

Co. 회사(= company)

○ 제가 오히려 반갑습니다.	→ The pleasure is mine. 더 플레져 이즈 마인 → It's my pleasure. 잇(ㅊ) 마이 플레져
○ 명함 한 장 주시겠어요?	→ May I have your business card? 메이 아이 해 뷰어 비즈니(ㅅ) 카-드

business card 업무용 명함

○ 제 명함입니다.　　→ **Here's my card.**
　　　　　　　　　　히어(ㅈ) 마이 카-드

○ 전에 우리가 만난 적　→ **Have we ever met before?**
　있나요?　　　　　　해 뷔 에버 멧 비퍼-

before 전에, 앞에

때에 따른 인사

○ 안녕하세요.　　　→ **Good morning.**
　　　　　　　　　굿 머-닝
　　　　　　　　　↘ 아침 인사

○ 안녕하세요.　　　→ **Good afternoon.**
　　　　　　　　　굿 애(ㅍ)터누운
　　　　　　　　　↘ 점심~오후 인사

○ 안녕하세요.　　　→ **Good evening.**
　　　　　　　　　굿 이-브닝
　　　　　　　　　↘ 저녁 인사

30

○ 잘 자요.

↘밤에 자러 갈 때 하는 인사

➜ Good night.
굿 나잇

➜ Have a good night.
해 버 굿 나잇

➜ Sweet dreams.
스위잇 드리임(ㅅ)

dream 꿈꾸다

오랜만에 만났을 때

○ 오랜만입니다.

➜ Long time no see.
러엉 타임 노우 시-

➜ It's been a long time.
잇(ㅊ) 빈 어 러엉 타임

➜ It's been quite a while.
잇(ㅊ) 빈 쿠아잇 어 와일

➜ It's good to see you again.
잇(ㅊ) 굿 투 시- 유 어겐

quite a while 꽤 오래

○ 오랫동안 뵙지 못했네요.

➜ I haven't seen you for a long time.
아이 해븐(ㅌ) 시인 유 퍼 어 러엉 타임

➜ It's been a long time, hasn't it?
잇(ㅊ) 빈 어 러엉 타임 해즌 팃

○ 오랫동안 소식을
　드리지 못해
　죄송합니다.

➡I beg your pardon for my long
　silence.

아이 벡 유어 파-든 퍼 마이 러엉 사일런(ㅅ)

beg 용서를 빌다/ pardon 용서/ silence 침묵, 소식 두절

○ 세월 참 빠르네요.

➡Time flies.

타임 플라이(ㅈ)

○ 어떻게 지내셨어요?

➡How have you been doing?

하우 해 뷰 빈 두잉

○ 하나도 안 변했어요.

➡You haven't changed a bit.

유 해븐(ㅌ) 체인쥐 더 빗

bit 조금, 약간

○ 요즘 당신을
　보기 힘드네요.

➡I haven't seen much of you
　lately.

아이 해븐(ㅌ) 시인 머취 어 뷰 레잇리

○ 아니 이게 누구야!

➡Look who's here!

룩 후(ㅈ) 히어

➡What a pleasant surprise!

왓 어 플레전(ㅌ) 서프라이(ㅈ)

○ 세상 참 좁은데!

➡What a small world!

왓 어 스머얼 워얼(ㄷ)

32

○ 여기에서 당신을
만나다니
뜻밖이에요.

→ It's a pleasant surprise to see you here.
잇 처 플레전(ㅌ) 서프라이(ㅈ) 투 시- 유 히어

→ Never thought I've seen you here.
네버 써엇 아이(ㅂ) 시인 유 히어

pleasant 즐거운, 기분 좋은

안부를 묻는 인사

○ 잘 지내니!

→ Hi there!
하이 데어

○ 어떻게 지내세요?

→ How are you doing?
하우 아- 유 두잉

○ 주말 어떻게
보냈어요?

→ What did you do last weekend?
왓 디 쥬 두 래숫 위익켄(ㄷ)

last 가장 최근의, 마지막의

○ 가족은 어때요?

→ How's your family?
하우 쥬어 패밀리

○ 어디 안 좋아요?

➡️ **What's the matter with you?**
왓(ㅊ) 더 매더 윗 유

➡️ **You look under the weather today.**
유 룩 언더 더 웨더 터데이

under the weather 몸이 좀 안 좋은

○ 별일 없어요?

➡️ **Anything new?**
애니씽 누-

➡️ **What's up?**
왓 첩

➡️ **What's going on?**
왓(ㅊ) 고우잉 언

➡️ **What's wrong?**
왓(ㅊ) 러엉

안부 인사에 대한 대답

○ 잘 지내, 고마워.

→I'm fine, thank you.
아임 파인, 쌩 큐

○ 잘 지내.

→Quite well.
쿠아잇 웰

→I'm all right.
아임 어얼 라잇

→Pretty good.
프리디 굿

→Alive and kicking.
얼라이 밴(ㄷ) 킥킹

kicking 활기찬, 신나는

○ 그럭저럭 지내.

→So so.
소우- 소우-

→Not too bad.
낫 투- 뱃

→Just surviving.
저슷 서-바이빙

○ 늘 마찬가지죠.

→Same as usual.
세임 애 쥬쥬얼

→About the same.
어바웃 더 세임

as usual 평소와 같이, 여느 때처럼

○ 별일 없어요. → **Nothing special.**
나씽 스페셜

○ 그냥 기분이 → **I'm just in a bad mood.**
안 좋아요. 아임 저슷 인 어 뱃 무웃

mood 기분, 기분이 안 좋은 때, 분위기

헤어질 때 인사

○ 안녕히 가세요. → **Good bye.**
굿 바이
→ **Bye-bye.**
바이 바이

○ 잘 가세요. / → **So long.**
그럼 이만. 소우- 러엉
→ **See you.**
시- 유
→ **Take care.**
테익 케어

○ 좋은 시간 보내요. → **Have a good time.**
해 버 굿 타임

○ 좋은 하루 보내요.   → Have a nice day.
해 버 나이(ㅅ) 데이

○ 내일 봐요.   → See you tomorrow.
시- 유 터머-로우

○ 다음에 봐요.   → See you later.
시- 유 레이터

○ 그럼 거기에서 봐요.   → See you there, then.
시- 유 데어, 덴

○ 재미있게 보내.   → Have fun.
해(ㅂ) 펀

○ 전 지금 가야겠어요.   → I'm afraid I've got to go now.
아임 어(ㅍ)레잇 아이(ㅂ) 갓 투 고우 나우

afraid 두려워하는, 걱정하는

○ 살펴 가요.   → Take it easy.
테익 잇 이-지
→ Take care of yourself.
테익 케어 어 뷰어셀(ㅍ)

○ 가끔 연락하고
지내자.

➔ **Keep in touch.**
키입 인 터취

➔ **Drop me a line.**
드랍 미 어 라인

➔ **Give me a call.**
기(ㅂ) 미 어 커얼

drop (짧은 편지를) 써 보내다

○ 당신 가족에게
제 안부를
전해 주세요.

➔ **Say hello to your family for me.**
세이 헬로우 투 유어 패밀리 퍼 미

➔ **Please give my regards to your family.**
플리-(ㅈ) 기(ㅂ) 마이 리가-(ㅈ) 투 유어 패밀리

regards 안부
(편지 끝부분이나 다른 사람에게 안부를 전할 때 씀)

○ 조만간 한번 만나요.

➔ **Let's get together soon.**
렛(ㅊ) 겟 터게더 수운

○ 즐거운 주말 보내요.

➔ **Have a nice weekend.**
해 버 나이(ㅅ) 위익켄(ㄷ)

○ 즐거운 여행 되세요.

➔ **Enjoy your trip.**
인조이 유어 츠립

환영할 때

○ 뉴욕에 오신 걸
환영합니다. → **Welcome to New York.**
웰컴 투 누- 욕

○ 저희 집에 오신 것을
환영합니다. → **Welcome to my home.**
웰컴 투 마이 호움

○ 이곳이 마음에 들기
바랍니다. → **I hope you'll like it here.**
아이 호웁 유일 라익 잇 히어

○ 함께 일하게 되어
반갑습니다. → **Welcome aboard.**
웰컴 어버-(ㄷ)
↘ 회사에서 신입사원을
맞이하는 인사

aboard 승선하여, 뱃전에
* go aboard (배를) 타다
* come [get] aboard (계획 등에) 새로 참가하다

○ 우리 가족이 된 걸
환영해요. → **Welcome to the family.**
웰컴 투 더 패밀리
↘ 결혼 등으로 가족의 새로운
일원이 되었을 때 → **I'm happy to have you as a part
of my family.**
아임 해피 투 해 뷰 애 저 파- 터(ㅂ) 마이 패밀리

사람 부르기

○ 실례합니다.　　　　➡**Excuse me.**
　　　　　　　　　　익스큐-(ㅈ) 미
　　　　　　　　　➡**Pardon.**
　　　　　　　　　　파-든

○ 여보세요?　　　　➡**Sir?**
　　　　　　　　　　서(ㄹ)
　　　　　　　　　↘ 모르는 남자를 부를 때

○ 여보세요?　　　　➡**Ma'am?**
　　　　　　　　　　맴
　　　　　　　　　↘ 모르는 여자를 부를 때

○ 여어 안녕.　　　　➡**Hi there.**
　　　　　　　　　　하이 데어
　　　　　　　　　↘ 모르는 사람을 편하게 부르거나 인사할 때

there (사람의 관심을 끌 때) 저기, 거기

○ 저...　　　　　　➡**Tell me…**
　　　　　　　　　　텔 미
　　　　　　　　　➡**See…**
　　　　　　　　　　시-

말을 걸 때

○ 할 말이 있어요.

➜ I need to tell you something.
아이 니잇 투 텔 유 섬씽

➜ I tell you what.
아이 텔 유 왓

➜ I have something to tell you.
아이 해(ㅂ) 섬씽 투 텔 유

○ 잠깐 이야기 좀
할까요?

➜ Do you have a second?
두 유 해 버 세컨(ㄷ)

➜ Can I talk to you for a minute?
캔 아이 터억 투 유 퍼 어 미닛

➜ Can you spare me a couple of minutes?
캔 유 스패어 미 어 커플 어(ㅂ) 미닛(ㅊ)

➜ I'd like to have a word with you.
아이(ㄷ) 라익 투 해 버 워-(ㄷ) 윗 유

spare (남에게) 시간이나 돈을 할애하다

○ 말씀 중에
　죄송한데요.

↘ 말하는 중에 끼어들 때

➔ **May I interrupt you?**
메이 아이 인터럽 튜

➔ **Sorry to interrupt, …**
서-리 투 인터럽(트)

➔ **Pardon me for cutting in.**
파-든 미 퍼 컷딩 인

➔ **Can I add something?**
캔 아이 앳 섬씽

interrupt (말 등을) 도중에 방해하다/ cut in 끼어들다

○ 내 말 좀 들어 봐.

➔ **Let me tell you.**
렛 미 텔 유

➔ **Listen.**
리슨

➔ **You know what?**
유 노우 왓

➔ **Read my lips.**
리잇 마이 립(ㅅ)

Tip. **leg 관련 idiom**
• Shake a leg. 서둘러.
• Break a leg. 행운을 빌어.
• leg and leg 막상막하로
• in high leg 우쭐하여, 의기양양하여
• show a leg (잠자리에서) 일어나다

화제를 바꿀 때

○ 주제를 바꿉시다.

➡ Let's change the topic.
렛(ㅊ) 체인쥐 더 타픽

○ 새로운 주제로
넘어가죠.

➡ Let's go on a new topic.
렛(ㅊ) 고우 언 어 누- 타픽

○ 뭔가 다른 얘기를
하죠.

➡ Let's talk about something else.
렛(ㅊ) 터억 어바웃 섬씽 엘(ㅅ)

○ 서로 의견을
말해 보죠.

➡ Let's bounce ideas off each other.
렛(ㅊ) 바운(ㅅ) 아이디-어 저-(ㅍ) 이-취 어더

상대의 정보 묻기

○ 성함이 어떻게
되세요?
→ **May I have your name?**
메이 아이 해 뷰어 네임

→ **What's your name?**
왓 츄어 네임

○ 철자가 어떻게 되죠?
→ **Could you spell that?**
쿠 쥬 스펠 댓

spell 철자를 말하다

○ 만나 뵙고
싶었습니다.
→ **I wanted to see you.**
아이 원팃 투 시- 유

○ 직업이 뭐예요?
→ **What do you do?**
왓 두 유 두

→ **What line of work are you in?**
왓 라인 어(ㅂ) 워- 카- 유 인

line of work 업무 분야

○ 누구와 일하세요?
→ **Who do you work for?**
후 두 유 워-(ㅋ) 퍼

○ 국적이 어떻게
돼요?
→ **What's your nationality?**
왓 츄어 내셔낼러티

44

○ 몇 개 국어 할 수
있어요?

→ How many languages do you
speak?

하우 매니 랭귀쥐(ㅈ) 두 유 스피익

자기 이름에 대해 말하기

○ '김'은 성이고,
이름은 '지나'입니다.

→ 'Kim' is my last name, 'Gina' is
my first name.

김 이즈 마이 래슷 네임, 지나 이즈 마이 퍼-슷 네임

○ 전 크리스예요,
크리스는
크리스티나를 줄인
이름이에요.

→ I'm Chris, Chris is short for
Christina.

아임 크리(ㅅ), 크리(ㅅ) 이즈 셔-(ㅌ) 퍼 크리스티나

○ 제 이름은
할아버지의 이름을
따서 지었어요.

→ I'm named after my grandfather.

아임 네임 대(ㅍ)터 마이 그랜(ㄷ)파-더

name after ~의 이름을 따서 짓다

○ 제 이름은
'수진'이에요.
Sun의 S, Uncle의 U,
Justice의 J,
Information의 I,
National의 N이에요.

→ My name is Sujin, S as in Sun,
U as in Uncle, J as in Justice, I as
in Information, N as in National.

마이 네임 이즈 수진, 에스 애 진 선, 유- 애 진 엉클,
제이 애 진 져스티(ㅅ), 아이 애 진 인퍼메이션, 엔 애 진
내셔널

신상정보에 대해 말하기

○ 저는 한국에서
  왔습니다.
→ I'm from Korea.
  아임 프럼 커리-아
→ I'm Korean.
  아임 커리-언
→ My nationality is Korean.
  마이 내셔낼러티 이즈 커리-언

○ 저는 AB회사에서
  일하는 벤입니다.
→ I'm Ben from AB company.
  아임 벤 프럼 에이비- 컴패니

○ 저는 은행에서
  일합니다.
→ I work at a bank.
  아이 워- 캣 어 뱅(ㅋ)

○ 저는 AB 숍에서
  일합니다.
→ I work for AB shop.
  아이 워-(ㅋ) 퍼 에이비- 샵

○ 저는 한국대학교
  4학년입니다.
→ I am a senior at Hankuk
  University.
  아이 앰 어 시-녀(ㄹ) 앳 한국 유-너버-서티

senior 마지막 학년 학생, 졸업반 학생

○ 저는 미혼입니다. →I'm single.
아임 싱글

○ 저는 결혼했습니다. →I'm married.
아임 메릿

자기소개하기

○ 제 소개를
하겠습니다. →Let me introduce myself.
렛 미 인츠러듀-(ㅅ) 마이셀(ㅍ)

○ 제 소개를 해도
될까요? →May I introduce myself?
메이 아이 인츠러듀-(ㅅ) 마이셀(ㅍ)

○ 방금 소개받은
미스터 리입니다. →My name is Lee as mentioned in
my introduction.
마이 네임 이즈 리- 애(ㅈ) 멘션 딘 마이 인츠러덕션

mentioned 언급한

○ 안녕하세요,
제 이름은
김지나입니다. →Hello, my name is Kim Gina.
헬로우, 마이 네임 이즈 김 지나

○ 그냥 지나라고
　부르세요.

→ Just call me Gina.
　저슷 커얼 미 지나

○ 안녕하세요, 지미의
　친구 김지나입니다.

→ How do you do? I'm Kim Gina,
　a friend of Jimmy's.
　하우 두 유 두? 아임 김 지나, 어 프렌 더(ㅂ) 지미(ㅅ)

Tip. **영어 이름이 들어간 재미난 표현**
• 신원 미상의 남자 John Doe
• 신원 미상의 여자 Jane Doe
• 갑돌이와 갑순이 Jack and Jill
• 평범한 사람 average Joe
• 관음증이 있는 사람 peeping Tom

감사하다

○ 감사합니다.
→**Thank you.**
쌩 큐

○ 아주 감사합니다.
→**Thank you very much.**
쌩 큐 베리 머취
→**Thank you so much.**
쌩 큐 소우- 머취
→**Thanks a million.**
쌩 서 밀연

million 백만, 수많은

○ 마음 깊이 감사하고
있습니다.
→**I'm deeply grateful to you.**
아임 디입리 그레잇펄 투 유
→**I'm very grateful to you.**
아임 베리 그레잇펄 투 유

○ 매우 고마워서
어떻게 감사드려야
할지 모르겠네요.
→**I can never thank you enough.**
아이 캔 네버 쌩 큐 이넢
→**I don't know how to thank you
enough.**
아이 도운(ㅌ) 노우 하우 투 쌩 큐 이넢

○ 어쨌든 감사합니다. → **Thank you anyway.**
쌩 큐 애니웨이

○ 여러 가지로 → **Thank you for everything.**
감사합니다. 쌩 큐 퍼 에브리씽

○ 고맙다는 말을 → **I would like to express my**
전하고 싶었어요. **thanks.**
아이 우(ㄷ) 라익 투 익스프레(ㅅ) 마이 쌩(ㅅ)

express 표현하다

○ 그렇게 말씀해 → **It's kind of you to say that.**
주시니 감사합니다. 잇(ㅊ) 카인 더 뷰 투 세이 댓

○ 당신은 제 생명의 → **You're a life saver.**
은인입니다. 유어 러 라이(ㅍ) 세이버
↘ 비유적인 표현

saver 구원자, 구조자/ life saver 인명 구조 대원

○ 당신이 베푼 은혜 → **I'll never forget what you have**
평생 잊지 못할 **done for me.**
거예요. 아일 네버 퍼겟 왓 유 해(ㅂ) 던 퍼 미

○ 저를 위해 애써 → **Thank you for all the trouble**
주셔서 감사합니다. **you've done for me.**
쌩 큐 퍼 어얼 더 츠러블 유(ㅂ) 던 퍼 미

○ 친절에
  감사드립니다.

→ **Thank you for your kindness.**
  쌩 큐 퍼 유어 카인(ㄷ)니(ㅅ)

○ 도와주셔서 대단히
  감사합니다.

→ **Thank you very much for your help.**
  쌩 큐 베리 머춰 퍼 유어 헬(ㅍ)

○ 관심 가져 줘서
  고마워요.

→ **I appreciate your concern.**
  아이 어프리-시에잇 유어 컨서언

appreciate 고맙게 생각하다, 감사하다/
concern 관심, 배려

○ 초대에
  감사드립니다.

→ **I appreciate the invitation.**
  아이 어프리-시에잇 디 인비테이션

→ **Thanks for having me over.**
  쌩(ㅅ) 퍼 해빙 미 오우버

invitation 초대

○ 제게 기회를 주셔서
  감사합니다.

→ **Thank you for giving me a chance.**
  쌩 큐 퍼 기빙 미 어 챈(ㅅ)

○ 길을 가르쳐 주셔서
  감사해요.

→ **Thank you for giving us directions.**
  쌩 큐 퍼 기빙 어스 디렉션(ㅅ)

○ 시간 내 주셔서
  감사합니다.

→ **Thank you for meeting with us.**
  쌩 큐 퍼 미-팅 윗 어스
  ↘ 거래처와 회의를 마치면서

○ 배려해 주신 것
감사합니다.

➜ **I appreciate your consideration.**
아이 어프리-시에잇 유어 컨시더레이션

○ 기다려 줘서
고마워요.

➜ **Thank you for waiting.**
쌩 큐 퍼 웨이팅

감사 인사에 응답할 때

○ 천만에요.

➜ **You're welcome.**
유어 웰컴

➜ **No problem.**
노우 프라블럼

➜ **My pleasure.**
마이 플레저

○ 별말씀을요.

➜ **Don't mention it.**
도운(ㅌ) 멘션 잇

○ 제가 오히려 고맙죠.

➜ **It was my pleasure.**
잇 워즈 마이 플레저

➜ **I should be the one to thank you.**
아이 슈(ㄷ) 비- 더 원 투 쌩 큐

○ 대단한 일도
아닌데요.

➜ No big deal.
노우 빅 디일

➜ It's nothing.
잇(ㅊ) 나씽

➜ It's not a big deal.
잇(ㅊ) 낫 어 빅 디일

○ 언제든지
부탁하세요.

➜ Any time.
애니 타임

➜ You can always count on me.
유 캔 어얼웨이(ㅈ) 카운 턴 미

○ 과찬의 말씀입니다.

➜ I'm honored by your words.
아임 어너-(ㄷ) 바이 유어 워-(ㅈ)

○ 도움이 될 수 있어서
기뻐요.

➜ I'm glad to help you.
아임 글랫 투 헬 퓨

사과하다

○ 미안합니다.

→**I'm sorry.**
아임 서-리

○ 사과드립니다.

→**I apologize to you.**
아이 어팔러자이(ㅈ) 투 유

→**I owe you an apology.**
아이 오우 유 언 어팔러쥐
owe ~의 은혜를 입고 있다/ apology 사과, 사죄

○ 그 일에 대해서
미안하게 생각하고
있습니다.

→**I'm sorry about that.**
아임 서-리 어바웃 댓

→**I feel sorry about it.**
아이 피일 서-리 어바웃 잇

○ 오래 기다리게 해서
미안합니다.

→**I'm sorry to have kept you
waiting so long.**
아임 서-리 투 해(ㅂ) 켑 츄 웨이팅 소우- 러엉

○ 폐를 끼쳐서
죄송합니다.

→**I'm sorry to disturb you.**
아임 서-리 투 디스터 뷰

→**I'm sorry for all the troubles that
I have caused.**
아임 서-리 퍼 어얼 더 츠러블(ㅈ) 댓 아이 해(ㅂ) 커-(줏)

disturb ~에게 폐를 끼치다

54

○ 늦어서 죄송합니다. → **Excuse me for being late.**
익스큐-(ㅈ) 미 퍼 비잉 레잇

○ 다시는 이런 일이
없을 겁니다. → **It won't happen again.**
잇 워운(ㅌ) 해픈 어겐

○ 뭐라고 사과해야
할지 모르겠어요. → **I can't tell you how sorry I am.**
아이 캔(ㅌ) 텔 유 하우 서-리 아이 엠
→ **I don't know what to say.**
아이 도운(ㅌ) 노우 왓 투 세이

○ 부디 제 사과를 받아
주세요. → **Please accept my apology.**
플리-(ㅈ) 액셉(ㅌ) 마이 어팔러쥐

○ 기분 나빴다면
미안해요. → **I'm sorry if it offended you.**
아임 서-리 이(ㅍ) 잇 어펜디 쥬

offend 불쾌하게 하다

○ 미안하다는 말을
하고 싶어요. → **I'd like to say I'm sorry.**
아이(ㄷ) 라익 투 세이 아임 서-리

잘못 & 실수했을 때

○ 제 잘못이었어요.
→ **It was my fault.**
잇 워즈 마이 퍼얼(ㅌ)

→ **I blame no one but myself.**
아이 블레임 노우 원 벗 마이셀(ㅍ)

blame ~의 탓으로 돌리다

○ 제가 망쳐서
죄송합니다.
→ **Sorry that I blew it.**
서-리 댓 아이 블루- 잇

○ 고의가 아니었어요.
→ **I didn't mean it at all.**
아이 디든(ㅌ) 미인 잇 앳 어얼

→ **I didn't do it on purpose.**
아이 디든(ㅌ) 두 잇 언 퍼-퍼(ㅅ)

→ **My intentions were good.**
마이 인텐션(ㅅ) 워- 굿

on purpose 고의로/ intention 의향, 의도

○ 제가 말을
실수했어요.
→ **It was a slip of the tongue.**
잇 워즈 어 슬립 어(ㅂ) 더 텅

slip 실수

○ 제가 실수했어요.
→ **I made a mistake.**
아이 메잇 어 미스테익

56

○ 단지 제 탓이에요.

→ I can only blame myself.
아이 캔 오운리 블레임 마이셀(ㅍ)

○ 죄송해요,
어쩔 수가 없었어요.

→ I'm sorry, I couldn't help it.
아임 서-리, 아이 쿠든(ㅌ) 헬 핏

○ 미안해요,
깜빡 잊었어요.

→ I'm sorry, I forgot.
아임 서-리, 아이 퍼갓

○ 문제가 생기리라고는
생각지 못했어요.

→ I didn't expect to have a problem.
아이 디든(ㅌ) 익스펙(ㅌ) 투 해 버 프라블럼

→ It's totally unexpected.
잇(ㅊ) 토우털리 언익스펙팃

→ It's out of the blue.
잇(ㅊ) 아웃 어(ㅂ) 더 블루-

→ Nobody saw this coming.
노우바디 서- 디스 커밍

unexpected 예기치 않은/ out of the blue 뜻밖에

○ 만회할 기회를
주세요.

→ Give me a chance to make it up
to you.
기(ㅂ) 미 어 챈(ㅅ) 투 메익 잇 업 투 유

○ 다시는 이런 일이
없을 겁니다.

→ This won't happen again.
디스 워운(ㅌ) 해픈 어겐

사과 인사에 응답할 때

○ 괜찮습니다. → **That's all right.**
댓(ㅊ) 어얼 라잇

→ **That's okay.**
댓(ㅊ) 오우케이

→ **No sweat.**
노우 스웻

sweat 땀, 노력, 수고

○ 용서하죠. → **You're forgiven.**
유어 퍼기븐

○ 친구 좋다는 게 → **What are friends for?**
뭐야? 왓 아- 프렌(ㅈ) 퍼

○ 서로 용서하고 → **Let's forgive and forget.**
잊어버리자. 렛(ㅊ) 퍼기 밴(ㄷ) 퍼갓

○ 저야말로 사과를 → **It is I who must apologize.**
드려야죠. 잇 이즈 아이 후 머슷 어팔러자이(ㅈ)

○ 걱정하지 마세요. ➜ **Don't worry about it.**

도운(ㅌ) 워-리 어바웃 잇

○ 사과를 받아들이죠. ➜ **You are accepted.**

유 아- 액셉팃

accept 받아들이다, 수락하다

전화를 걸 때

○ 데이비드와 통화할
수 있나요?

→ **Could I speak to David, please?**
쿠 다이 스피익 투 데이빗, 플리-(ㅈ)

○ 벤 있어요?

→ **Is Ben there?**
이즈 벤 데어

○ 샐리와 통화하려고
하는데요.

→ **I'm trying to get in touch with
Sally.**
아임 츠라잉 투 겟 인 터취 윗 샐리

→ **I'm trying to reach Sally.**
아임 츠라잉 투 리-취 샐리

→ **I'd like to speak with Sally,
please.**
아이(ㄷ) 라익 투 스피익 윗 샐리, 플리-(ㅈ)

→ **I'd like to talk to Sally, please.**
아이(ㄷ) 라익 투 터억 투 샐리, 플리-(ㅈ)

get in touch with ~와 연락하다

○ 지금 통화
괜찮으세요?

→ **Can you talk right now?**
캔 유 터억 라잇 나우

→ **Is this a good time to talk?**
이즈 디스 어 굿 타임 투 터억

○ 바쁘신데 제가
전화한 건가요?

➡ Is this a bad time?

이즈 디스 어 뱃 타임

➡ Am I calling at a bad time?

앰 아이 커-링 앳 어 뱃 타임

➡ Did I catch you at a bad time?

디 다이 캣취 유 앳 어 뱃 타임

○ 늦게 전화 드려서
죄송합니다.

➡ I'm sorry for calling this late.

아임 서-리 퍼 커-링 디스 레이(ㅌ)

○ 프로젝트 때문에
전화 드렸습니다.

➡ I'm calling about the project.

아임 커-링 어바웃 더 프로젝(ㅌ)

○ 내일 회의
확인하려고
전화했어요.

➡ I'm calling to confirm the
meeting for tomorrow.

아임 커-링 투 컨퍼엄 더 미-팅 퍼 터머-로우

confirm 확인하다

○ 전화하셨다고 해서
전화 드렸는데요.

➡ I'm returning your call.

아임 리터-닝 유어 커얼

○ 제 주문에 관해
알렉스 씨와
통화하려고 하는데요.

➡ I'm trying to reach Mr. Alex
regarding my order.

아임 츠라잉 투 리-취 미스터 알렉(ㅅ) 리가-딩 마이 어-더

regarding ~에 관해(= in regard to)

| 인사부 아무나 바꿔 주시겠습니까? | → May I speak with someone in the Personnel Department? |
| | 메이 아이 스피익 윗 섬원 인 더 퍼-스널 디파-먼(트) |

전화를 받을 때

| 죄송하지만 전화 좀 받을게요. | → Sorry, I should take this. |
| | 서-리, 아이 슈(드) 테익 디스 |

누구신가요?	→ Can I ask who's calling?
	캔 아이 애슥 후(ㅈ) 커-링
	→ Who's calling, please?
	후(ㅈ) 커-링, 플리-(ㅈ)

무슨 일 때문이죠?	→ May I ask what this is about?
	메이 아이 애슥 왓 디스 이즈 어바웃
	→ May I ask what this is regarding?
	메이 아이 애슥 왓 디스 이즈 리가-딩
	→ What is this in regard to?
	왓 이즈 디스 인 리가-(드) 투

| 어느 분을 찾으십니까? | → Who would you like to speak to? |
| | 후 우 쥬 라익 투 스피익 투 |

speak to ~와 이야기를 하다

○ 누구를 바꿔 드릴까요?	→ Who do you wish to speak to? 후 두 유 위쉬 투 스피익 투
○ 전데요.	→ That's me. 댓(ㅊ) 미 → Speaking. 스피-킹
○ 좀 더 크게 말해 줄래요?	→ Could you speak a little bit louder? 쿠 쥬 스피익 어 리들 빗 라우더 → Could you speak up a little? 쿠 쥬 스피익 업 어 리들

a little bit 조금

○ 좀 작게 말해 줄래요?	→ Could you lower your voice a little bit? 쿠 쥬 로워 유어 버이 서 리들 빗
○ 좀 천천히 말씀해 주시겠어요?	→ Could you speak more slowly? 쿠 쥬 스피익 머- 슬로울리
○ 다시 한번 말씀해 주시겠어요?	→ I beg your pardon? 아이 벡 유어 파-든

○ 안녕하세요.
AB 사입니다.

→ Hello. This is AB Company.
헬로우. 디스 이즈 에이비- 컴패니

○ 안녕하세요.
AB 사 영업부의
사무엘입니다.

→ Hello. AB Company, the sales
department, Samuel speaking.
헬로우. 에이비- 컴패니, 더 세일(ㅈ) 디파-먼(ㅌ),
새뮤얼 스피-킹

→ Hello. AB Company, this is Samuel
from the sales department.
헬로우. 에이비- 컴패니, 디스 이즈 새뮤얼 프럼 더 세일(ㅈ)
디파-먼(ㅌ)

sales 판매(상)의/ department 부서

○ AB 센터로 전화해
주셔서 감사합니다.
무엇을 도와드릴까요?

→ Thank you for calling AB Center.
May I help you?
쌩 큐 퍼 커-링 에이비- 센터. 메이 아이 헬 퓨

○ 여보세요.
제니 씨의 전화입니다.

→ Hello. This is Ms. Jenny's phone.
헬로우. 디스 이즈 미(ㅈ) 제니(ㅅ) 포운

전화를 바꿔 줄 때

○ 잠시만요.
➜ **Just a minute, please.**
  저슷 어 미닛, 플리-(ㅈ)

○ 잠시만 기다리세요.
➜ **Hold on, please.**
  호울 던, 플리-(ㅈ)

hold on (전화를) 끊지 않고 두다

○ 어떤 분을
  바꿔 드릴까요?
➜ **How may I direct your call?**
  하우 메이 마이 디렉 츄어 커얼

direct 향하게 하다

○ 연결해
  드리겠습니다.
➜ **I'll put you through.**
  아일 풋 유 쓰루-
➜ **I'll transfer your call.**
  아일 츠랜스퍼 유어 커얼
➜ **I'll connect you.**
  아일 커넥 츄

put through ~을 연결하다/
transfer 전달하다/ connect 연결하다

○ 네 전화야.
➜ **It's for you.**
  잇(ㅊ) 퍼 유
➜ **There's a call for you.**
  데어 서 커얼 퍼 유

○ 기다리세요,
　바꿔 드릴게요.

➔ Hold on and I'll get him.
호울 던 앤(ㄷ) 아일 겟 힘

➔ Please hold while I put you
through to him.
플리-(ㅈ) 호울(ㄷ) 와일 아이 풋 유 쓰루- 투 힘

➔ Hold the line, I'll connect you
with him.
호울(ㄷ) 더 라인, 아일 커넥 츄 윗 힘

○ 잠시만
　기다려 주세요.
　전화를 마케팅부로
　돌려 드리겠습니다.

➔ Hold the line a moment.
I'll transfer your call to the
marketing department.
호울(ㄷ) 더 라인 어 모우먼(ㅌ). 아일 츠랜스퍼 유어 커얼 투
더 마-키팅 디파-먼(ㅌ)

○ 마이클 씨의
　내선번호는
　355번입니다.

➔ Mr. Michael can be reached at
ext. 355.
미스터 마이클 캔 비- 리-취 탯 익스텐션
쓰리- 파이(ㅂ) 파이(ㅂ)

ext.(= extension) 내선, 구내전화

다시 전화한다고 할 때

○ 내가 나중에
　전화할게.

➔ I'll get back to you later.
아일 겟 백 투 유 레이터

○ 제가 다시
　전화 드릴까요?

→ Can I call you back?
캔 아이 커얼 유 백

→ Would you mind if I call you back?
우 쥬 마인(ㄷ) 이(ㅍ) 아이 커얼 유 백

○ 제가 잠시 후에 다시
　전화 드리겠습니다.

→ I'll get in touch with you soon.
아일 겟 인 터취 윗 유 수운

→ I'll return your call as soon as I can.
아일 리터언 유어 커얼 애(ㅈ) 수운 애 자이 캔

→ I'll get back to you soon.
아일 겟 백 투 유 수운

as soon as ~하자마자, ~하자 곧

○ 10분 후에 다시
　전화해 주세요.

→ Please call me back in 10 minutes.
플리-(ㅈ) 커얼 미 백 인 텐 미닛(ㅊ)

→ Could you call me back 10 minutes later?
쿠 쥬 커얼 미 백 텐 미닛(ㅊ) 레이터

전화를 받을 수 없을 때

○ 통화 중입니다.

→ I'm afraid he's on another line.
아임 어(ㅍ)레잇 히즈 언 어나더 라인

→ The line is busy.
더 라인 이즈 비지

○ 그는 지금 없는데요.

→ He's not in right now.
히(ㅈ) 낫 인 라잇 나우

○ 죄송합니다만, 그는
방금 나가셨습니다.

→ I'm sorry, but he has just
stepped out.
아임 서-리, 벗 히 해즈 저슷 스텝 타웃

step out 자리를 비우다

○ 다른 전화가 와서요.

→ I've got a call coming in.
아이(ㅂ) 갓 어 커얼 커밍 인

○ 내가 지금 뭐 하는
중이라.

→ I'm in the middle of something.
아임 인 더 미들 어(ㅂ) 섬씽

in the middle of ~의 도중에

○ 오래 통화할 수
없어요.

→ I can't talk with you for long.
아이 캔(ㅌ) 터억 윗 유 퍼 러엉

68

○ 전화 오면
  나 없다고 해.

→If anyone calls, I'm not here.
이 패니원 커얼(ㅅ), 아임 낫 히어

통화 상태가 안 좋을 때

○ 소리가 끊기는데.

→Your voice is breaking up.
유어 버이 시즈 브레이킹 업

→You're breaking up.
유어 브레이킹 업

break up ~을 분쇄하다, ~을 분해하다

○ 전화가 계속
  끊기네요.

→We keep getting cut off.
위 키입 게딩 컷 어-(ㅍ)

cut off 중단하다, 끊다

○ 전화가 끊기는 것
  같은데요.

→I'm afraid I am losing you.
아임 어(ㅍ)레잇 아이 엠 루징 유

lose 잃다

○ 잘 안 들려요.

→I can barely hear you.
아이 캔 배어리 히어 유

→I'm losing you.
아임 루징 유

barely 거의 않다

전화 메시지

○ 메시지를
  남기시겠어요?

→ **Can I take a message?**
  캔 아이 테익 어 메시-쥐

→ **Would you like to leave
  a message?**
  우 쥬 라익 투 리- 버 메시-쥐

→ **What would you like me to tell
  him?**
  왓 우 쥬 라익 미 투 텔 힘

would like to ~ ~하고 싶다, ~하는 것을 바라다

○ 제니퍼가
  전화했었다고
  그에게 전해 주세요.

→ **Tell him that Jennifer called.**
  텔 힘 댓 제니퍼 커얼(ㄷ)

○ 전화하라고
  전해 주세요.

↘ 전달받는 당사자가
  여자인 경우
  him 대신 her를 사용

→ **Tell him to call me.**
  텔 힘 투 커얼 미

→ **Could you have him call me?**
  쿠 쥬 해(ㅂ) 힘 커얼 미

→ **Could you tell him to call me
  back?**
  쿠 쥬 텔 힘 투 커얼 미 백

→ **Would you ask him to call me
  back?**
  우 쥬 애슥 힘 투 커얼 미 백

70

1234-5678로 전화하라고 그에게 전해 주세요.	**Ask him to call me at 1234-5678.** 애슥 힘 투 커얼 미 앳 투- 쓰리- 퍼- 파이(ㅂ) 식(ㅅ) 세븐 에잇
그냥 제가 전화했다고 그에게 전해 주세요.	**Just tell him that I called.** 저슷 텔 힘 댓 아이 커얼(ㄷ)

잘못 걸려 온 전화

전화 잘못 거셨어요.	**You have the wrong number.** 유 해(ㅂ) 더 러엉 넘버
	You must have dialed the wrong number. 유 머슷 해(ㅂ) 다이얼(ㄷ) 더 러엉 넘버
	You must have looked up the wrong number. 유 머슷 해(ㅂ) 룩 텁 더 러엉 넘버
	I think you've got the wrong number. 아이 씽 큐(ㅂ) 갓 더 러엉 넘버

dial 전화를 걸다

그런 분 안 계십니다.	**There's no one here by that name.** 데어(ㅅ) 노우 원 히어 바이 댓 네임

○ 몇 번에 거셨어요?   ➜ **What number did you want?**
                         왓 넘버 디 쥬 원(ㅌ)

○ 전화번호를 다시   ➜ **You should double-check the**
  한번 확인해 보세요.   **number.**
                         유 슈(ㄷ) 더블 첵 더 넘버

                                    double-check 재확인하다

○ 제가 전화를   ➜ **I must have the wrong number.**
  잘못 걸었습니다.   아이 머슷 해(ㅂ) 더 러엉 넘버

전화를 끊을 때

○ 몇 번으로
  전화 드려야 하죠?
→ **What number can I reach you at?**
왓 넘버 캔 아이 리-취 유 앳

○ 곧 다시 통화하자.
→ **Talk to you soon.**
터억 투 유 수운

○ 전화해 줘서
  고마워요.
→ **Thank you for calling.**
쌩 큐 퍼 커-링

○ 그만 끊어야겠어요.
→ **Well, I have to go.**
웰, 아이 해(ㅂ) 투 고우
→ **I have to get off the line now.**
아이 해(ㅂ) 투 겟 어-(ㅍ) 더 라인 나우

○ 연락하는 거 잊지 마.
→ **Don't forget to drop me a line.**
도운(ㅌ) 퍼겟 투 드랍 미 어 라인

○ 언제든 내게 연락해.
→ **Please feel free to drop me a line.**
플리-(ㅈ) 피일 프리- 투 드랍 미 어 라인

feel free to 마음대로 ~해도 좋다

전화 기타

○ 전화 좀 받아 주세요.
→ **Please answer the phone.**
플리-(ㅈ) 앤서 더 포운

→ **Would you get that phone?**
우 쥬 겟 댓 포운

○ 전화는 제가
받을게요.
→ **I'll answer it.**
아일 앤서 잇

→ **I'll cover the phones.**
아일 커버 더 포운(ㅅ)

○ 전화를 안 받는데요.
→ **There's no answer.**
데어(ㅅ) 노우 앤서

○ 통화 좀 간단히
할래요?
→ **Can you please make that brief?**
캔 유 플리-(ㅈ) 메익 댓 브리-(ㅍ)

○ 공중전화는
어디 있어요?
→ **Can you tell me where the pay telephone is?**
캔 유 텔 미 웨어 더 페이 텔러포운 이즈

pay telephone 공중전화

○ 전화번호부 있어요?
→ **Do you have a telephone directory?**
두 유 해 버 텔레포운 디렉터리

○ 수신자 부담 전화를
걸려고요.

→ **I'd like to make a collect call.**

아이(ㄷ) 라익 투 메익 어 칼렉(ㅌ) 커얼

a collect call 콜렉트 콜, 수신자 부담 요금 전화

Chapter 2

무슨 말을 꺼낼까?

나의 하루에 대해
영어로 수다를 떨어 볼까요!
Let's have a long tongue!
일상생활부터 우리 집, 자동차, 이사까지
제대로 이야기해 보아요!

Words

○ **morning** 머-닝
n. 아침, 오전

○ **breakfast** 브렉퍼슷
n. 아침 식사

○ **noon** 누운
n. 정오, 한낮

○ **lunch** 런취
n. 점심 식사

○ **evening** 이-브닝
n. 저녁

○ **dinner** 디너
n. 저녁 식사

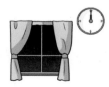

○ **night** 나잇
n. 밤

○ **sleep** 슬리입
v. 자다

○ **bedroom** 벳루움
  n. 침실

○ **living room** 리빙 루움
  n. 거실

○ **kitchen** 킷천
  n. 부엌, 주방

○ **bathroom** 배쓰루움
  n. 욕실, 화장실

○ **bed** 벳
  n. 침대

○ **sofa** 소우퍼
  n. 소파

○ **refrigerator** 리프리저레이터
  n. 냉장고

○ **washing machine** 워싱 머쉬인
  n. 세탁기

일어나기

○ 일어날 시간이야!

→ **It's time to get up!**
잇(ㅊ) 타임 투 겟 업

get up (앉거나 누워 있다가) 일어나다

○ 일어났어?

→ **Are you awake?**
아- 유 어웨익

○ 막 일어났어요.

→ **I just woke up.**
아이 저슷 워욱 업

wake up 정신을 차리다, 깨다

○ 일어나, 늦겠어.

→ **Get up now, or you'll be late.**
겟 업 나우, 어- 유일 비- 레잇

○ 이런, 늦잠을 잤네.

→ **Oh no, I overslept.**
오우 노우, 아이 오우버슬렙(ㅌ)

○ 왜 안 깨웠어요?

→ **Why didn't you wake me up?**
와이 디든 츄 웨익 미 업

나 때문에 깬 거야? → **Did I wake you up?**
디 다이 웨익 유 업

어제 밤을 새웠어. → **I stayed up all night.**
아이 스테이 덥 어얼 나잇

stay up all night 온밤을 꼬박 지새우다

내일 아침에 일찍
깨워 주세요. → **Please wake me up early tomorrow morning.**
플리-(ㅈ) 웨익 미 업 어-리 터머-로우 머-닝

전 아침 일찍
일어나요. → **I wake up early in the morning.**
아이 웨익 업 어-리 인 더 머-닝

난 아침형 인간이야. → **I'm a morning person.**
아임 어 머-닝 퍼-슨

난 보통 아침 6시면
일어나. → **I usually wake up at 6 o'clock in the morning.**
아이 유쥬얼리 웨익 업 앳 식(ㅅ) 어클락 인 더 머-닝

나는 알람 소리에
잠이 깬다. → **I wake up to the sound of my alarm.**
아이 웨익 업 투 더 사운 더(ㅂ) 마이 알라암

○ 알람을 맞춰 놨는데
일어나지 못했어요.

→ I set an alarm but I didn't
wake up.

아이 셋 언 알라암 벗 아이 디든(트) 웨익 업

○ 가끔은 아침에
일어나는 게
힘들어요.

→ I sometimes have trouble
waking up in the morning.

아이 섬타임(즈) 해(브) 츠러블 웨이킹 업 인 더 머-닝

have trouble (in) ~ing ~하느라 고생하다

○ 전 아침에
일어나려면
모닝콜이 필요해요.

→ I need to receive a wake-up call
in the morning.

아이 니잇 투 리시- 버 웨익 업 커얼 인 더 머-닝

씻기

○ 손부터 씻어야지.

→ Wash your hands first.

워쉬 유어 핸(즈) 퍼-슷

○ 잠을 깨려면 세수를
해야겠어.

→ I need to wash my face to
wake up.

아이 니잇 투 워쉬 마이 페이(스) 투 웨익 업

○ 오늘 아침엔 머리
감을 시간이 없네.

→ I don't have time to shampoo
this morning.

아이 도운(트) 해(브) 타임 투 샘푸- 디스 머-닝

○ 매일 아침 조깅하고
난 후 샤워를 해요.

➡ **I take a shower after jogging every morning.**

아이 테익 어 샤워 애(ㅍ)터 자깅 에브리 머-닝

take a shower 샤워하다
* grab a shower (간단하게) 샤워하다
* take a bath 목욕하다

○ 저는 매일 아침
머리 감는 것을
습관으로 하고 있어요.

➡ **I make it a rule to shampoo my hair every morning.**

아이 메익 잇 어 루울 투 샘푸- 마이 헤어 에브리 머-닝

shampoo (one's hair) 머리 감다 (= wash one's hair)

○ 그는 서둘러 샤워를
하고 있었다.

➡ **He was taking a hurried shower.**

히 워즈 테이킹 어 허릿 샤워

식사

○ 아침 식사 다 됐어요!

➡ **Breakfast is ready!**

브렉퍼슷 이즈 레디

○ 난 아침 식사를
절대로 거르지 않아.

➡ **I never skip breakfast.**

아이 네버 스킵 브렉퍼슷

○ 오늘은 아침을 먹을 기분이 아니야.

➡ I don't feel like having breakfast this morning.

아이 도운(ㅌ) 피일 라익 해빙 브렉퍼숫 디스 머-닝

○ 그렇게 음식을 가리면 안 돼.

➡ Don't be so choosy about food.

도운(ㅌ) 비- 소우- 추-지 어바웃 푸웃

choosy about ~에 대해 까다로운

○ 남기지 말고 다 먹어.

➡ Finish up your plate.

피니쉬 업 유어 플레잇

○ 밥 더 줄까?

➡ Do you want some more rice?

두 유 원(ㅌ) 섬 머- 라이(ㅅ)

○ 다 먹었어?

➡ Have you finished?

해 뷰 피니쉬(ㅌ)

○ 숙취가 심해요. 해장국 좀 끓여 줄래요?

➡ I have a terrible hangover. Can you make something to cure a hangover?

아이 해 버 테러블 행오우버. 캔 유 메익 섬씽 투 큐어 어 행오우버

옷 입기 & 화장하기

○ 오늘은 뭘 입지?

➡ **What should I wear today?**
왓 슈 다이 웨어 터데이

○ 어떤 넥타이를 매지?

➡ **Which tie should I wear?**
위취 타이 슈 다이 웨어

○ 화장을 해야 해.

➡ **I need to put on make-up.**
아이 니잇 투 풋 언 메익 업

> put on (화장을) 하다, (옷을) 입다,
> (안경·모자를) 쓰다, (신발을) 신다, (반지를) 끼다
> * take off (옷 등을) 벗다

○ 오늘은
머리부터 발끝까지
까만 옷으로 입었어.

➡ **I'm dressed in black from tip to toe.**
아임 드레(ㅅ) 틴 블랙 프럼 팁 투 토우

○ 넌 아침에
거울 앞에서 보내는
시간이 너무 길어.

➡ **You take forever in front of the mirror in the morning.**
유 테익 퍼에버 인 프런 터(ㅂ) 더 미러 인 더 머-닝

○ 그녀는 화장하는 데
보통 1시간 걸려요.

➡ **She usually spends an hour doing her face.**
쉬 유쥬얼리 스펜 전 아워 두잉 허 페이(ㅅ)

○ 우산을 가져가야
할까?

→ **Should I take my umbrella?**
슈 다이 테익 마이 엄브렐러

TV 보기

○ 오늘 밤 TV에서
뭐 하지?

→ **What's on TV tonight?**
왓 천 티-비- 터나잇

tonight 오늘 밤

○ CNN 채널에선
뭐 하지?

→ **What's on the CNN channel?**
왓 천 더 씨-엔엔 채널

○ 뭐 좋은 TV
프로그램 있어요?

→ **Are there any good programs
on TV?**
아- 데어 애니 굿 프로우그램 선 티-비-

→ **Is there anything good on?**
이즈 데어 애니씽 굿 언

○ 채널 좀 바꾸자.

→ **Let's change the channel.**
렛(ㅊ) 체인쥐 더 채널

○ 채널 좀 그만 돌려.   ➜ Stop flipping channels.
스탑 플립핑 채널(ㅅ)

flip (기계의 버튼 등을) 탁 누르다, 돌리다

○ 리모컨 좀
갖다주세요.   ➜ Hand me the remote control,
please.
핸(ㄷ) 미 더 리모웃 컨츠로울, 플리-(ㅈ)

remote control 원격 조종, 리모컨

○ TV 볼륨 좀 줄여.   ➜ Please turn down the TV.
플리-(ㅈ) 터언 다운 더 티-비-

➜ Turn it down, please.
터언 잇 다운, 플리-(ㅈ)

○ 이제 TV를 꺼라.   ➜ Turn off the TV now.
터언 어-(ㅍ) 더 티-비- 나우

잠자리 들기

○ 잠자리에 들
시간이야.   ➜ It's time to go to bed.
잇(ㅊ) 타임 투 고우 투 벳

○ 난 이제 자러 갈게.   ➜ I'm gonna go to bed now.
아임 거너 고우 투 벳 나우

➜ I'm gonna hit the sack.
아임 거너 힛 더 색

hit the sack 잠자리에 들다

○ 잠자리를
준비할까요?
→ **May I make your bed now?**
메이 아이 메익 유어 벳 나우

make one's bed 잠자리를 정돈하다, 이불을 개다

○ 애들 좀
재워 줄래요?
→ **Will you put the kids to bed?**
윌 유 풋 더 키(ㅈ) 투 벳

○ 아직 안 자니?
곧 자정이야.
→ **Are you still up? It's almost midnight.**
아- 유 스틸 업? 잇(ㅊ) 어얼모우슷 밋나잇

○ 불 좀 꺼 줄래요?
→ **Will you turn off the light?**
윌 유 터언 어-(ㅍ) 더 라잇

○ 어제는 일찍
잠자리에 들었어요.
→ **I sought my bed early last night.**
아이 서엇 마이 벳 어-리 래슷 나잇
→ **I went straight to bed yesterday.**
아이 웬(ㅌ) 스츠레잇 투 벳 예스터데이

○ 그는 슬슬 잠이
들어 버렸다.
→ **He drifted off to sleep.**
히 드립팃 어-(ㅍ) 투 슬리입

잠버릇

○ 남편은 잠버릇이 나빠요.

→ My husband has a bad sleeping habit.
마이 허즈번(ㄷ) 해즈 어 뱃 슬리-핑 해빗

→ My husband is an untidy sleeper.
마이 허즈번 디즈 언 언타이디 슬리-퍼

untidy 단정치 못한, 어수선한

○ 아내는 자면서 자꾸 뒤척여요.

→ My wife tosses a lot in her sleep.
마이 와이(ㅍ) 터-시 저 랏 인 허 슬리입

○ 그는 밤새도록 코를 골아요.

→ He snores away the whole night.
히 스노우어 저웨이 더 호올 나잇

○ 넌 간밤에 코를 엄청 골았어.

→ You snored like a bulldog last night.
유 스노우어(ㄷ) 라익 어 불독 래슷 나잇

○ 그는 잠자리에 들자마자 코를 골기 시작했다.

→ He fell to snoring as soon as he went to bed.
히 펠 투 스노우어링 애(ㅈ) 수운 애(ㅈ) 히 웬(ㅌ) 투 벳

○ 에이미는
잠꼬대하는 버릇이
있어요.

→ **Amy is a sleep talker.**
에이미 이즈 어 슬리입 터-커

○ 저는 가끔 잠꼬대를
해요.

→ **I sometimes talk in my sleep.**
아이 섬타임(ㅅ) 터억 인 마이 슬리입

○ 그는 잘 때
이를 갈아요.

→ **He grinds his teeth in bed.**
히 그라인(ㅅ) 히스 티-쓰 인 벳

숙면

○ 지난밤에는
푹 잤어요.

→ **I slept well last night.**
아이 슬렙(ㅌ) 웰 래슷 나잇
→ **I had a good night.**
아이 햇 어 굿 나잇
→ **I slept like a log.**
아이 슬렙(ㅌ) 라익 어 러억

like a log 기절하여

90

○ 나는 잠을 잘 못 자요.

➡ I am a bad sleeper.
아이 엠 어 뱃 슬리-퍼

➡ I am a light sleeper.
아이 앰 어 라잇 슬리-퍼

➡ I have problems sleeping.
아이 해(ㅂ) 프라블럼(ㅅ) 슬리-핑

○ 잠을 잘 못 잤어요?

➡ Did you sleep wrong?
디 쥬 슬리입 러엉

○ 요새 잠을 잘 못 자고 있어요.

➡ I haven't been getting much sleep lately.
아이 해븐 빈 게딩 머취 슬리입 레잇리

○ 그가 코를 고는 바람에 잠을 잘 수 없었어요.

➡ I couldn't sleep as he blew like a grampus.
아이 쿠든(ㅌ) 슬리입 애(ㅈ) 히 블루- 라익 어 그램퍼(ㅅ)

blow like a grampus 코를 드렁드렁 골다

○ 피로를 푸는 가장 좋은 방법은 숙면이죠.

➡ The best way to recover from your fatigue is to sleep well.
더 베슷 웨이 투 리커버 프럼 유어 퍼티그 이즈 투 슬리입 웰

꿈

○ 잘 자! /
　 좋은 꿈 꿔!

➜ Sweet dreams!
스위잇 드리임(ㅅ)

○ 난 가끔 그의 꿈을
　 꾸지.

➜ I dream of him from time to time.
아이 드리임 어(ㅂ) 힘 프럼 타임 투 타임

from time to time 가끔, 이따금

○ 어제 이상한 꿈을
　 꿨어.

➜ I had a strange dream last night.
아이 햇 어 스츠레인쥐 드리임 래숫 나잇

○ 악몽을 꿨다.

➜ I had a bad dream.
아이 햇 어 뱃 드리임

➜ I had a nightmare.
아이 햇 어 나잇매어

○ 그는 가끔
　 악몽에 시달린다.

➜ From time to time, he is
　 oppressed by a nightmare.
프럼 타임 투 타임, 히 이즈 어프레숫 바이 어 나잇매어

➜ He sometimes suffers from
　 nightmares.
히 섬타임(ㅅ) 서퍼(ㅅ) 프럼 나잇매어(ㅅ)

○ 악몽을 꿨기 때문에
다시 잠자리에
들 수가 없었어.

➡ I had a nightmare, so I couldn't get back to sleep.
아이 헷 어 나잇매어, 소우- 아이 쿠든(ㅌ) 겟 백 투 슬리입

nightmare 악몽

○ 당신은 꿈을
흑백으로 꾸나요
컬러로 꾸나요?

➡ Do you dream in black and white or in color?
두 유 드리임 인 블랙 앤(ㄷ) 와잇 어 인 컬러

화장실 사용

○ 화장실이 어디죠?

➜ **Where is the restroom?**
웨어 이즈 더 레슷루움

➜ **Where is the bathroom?**
웨어 이즈 더 배쓰루움

➜ **Where can I find the toilet?**
웨어 캔 아이 파인(ㄷ) 더 터일럿

○ 화장실 좀 다녀올게.

➜ **I'm going to hit the washroom.**
아임 고우잉 투 힛 더 워쉬루움

➜ **Let me wash my hands.**
렛 미 워쉬 마이 핸(ㅈ)

➜ **I'll go and powder my nose.**
아일 고우 앤(ㄷ) 파우더 마이 노우(ㅈ)

➜ **Nature is calling me.**
네이쳐 이즈 커-링 미

nature 자연, 천성, 본질

○ 화장실에 잠시
　들렀어요.

➜ **I made a quick toilet stop.**
아이 메잇 어 쿠익 터일럿 스탑

○ 화장실에 누가 있어.

➜ **Someone is in the bathroom.**
섬원 이즈 인 더 배쓰루움

94

○ 변기가 막혔어요. → **The toilet bowl is clogged.**
더 터일럿 보울 이즈 클럭(ㅌ)

clog 막히다

○ 화장실 배수관이 막혔어요. → **The bathroom drain is clogged.**
더 배쓰루움 드레인 이즈 클럭(ㅌ)

→ **The toilet doesn't flush properly.**
더 터일럿 더즌(ㅌ) 플러쉬 프라퍼-리
flush (변기의) 물이 쏟아지다, 물을 내리다

○ 세면대가 안 잠기네요. → **The sink won't turn off.**
더 싱(ㅋ) 워운(ㅌ) 터언 어-(ㅍ)

화장실 에티켓

○ 변기 물 내리는 거 잊지 마. → **Don't forget to flush the toilet.**
도운(ㅌ) 퍼겟 투 플러쉬 더 터일럿

○ 변기에 토하지 마세요. → **Don't talk on the big white phone.**
도운(ㅌ) 터억 언 더 빅 와잇 포운

white phone 변기

○ 사용한 휴지는 휴지통에 넣어 주세요. → **Please put used papers into the trashcan.**
플리-(ㅈ) 풋 유-츳 페이퍼(ㅅ) 인투 더 츠래쉬캔

○ 휴지는 휴지통에.

➡ Trash to trashcan.
츠래쉬 투 츠래쉬캔

○ 이물질을 변기에
버리지 마시오.

➡ Don't throw waste in toilets.
도운(ㅌ) 쓰로우 웨이슷 인 터일럿(ㅊ)

○ 화장지를
아껴 씁시다.

➡ Save the toilet paper.
세이(ㅂ) 더 터일럿 페이퍼

○ 바닥에 침을
뱉지 마시오.

➡ Don't spit on the floor.
도운(ㅌ) 스핏 언 더 플러-

○ 바닥에 담배꽁초를
버리지 마시오.

➡ Don't throw away a cigarette
butt on the floor.
도운(ㅌ) 쓰로우 어웨이 어 시거렛 벗 언 더 플러-

butt 꽁초

소변 & 대변

○ 그는 화장실에서
소변을 보았다.
→ He had a splash in the restroom.
히 햇 어 스플래쉬 인 더 레슷루움

○ 소변보러
다녀와야겠어요.
→ I have to go and pee.
아이 해(ㅂ) 투 고우 앤(ㄷ) 피-

pee 소변보다

○ 소변 금지!
→ Commit no nuisance!
커밋 노우 뉴선(ㅅ)

nuisance 폐, 성가심

○ 화장실에서 대변을
보았다.
→ I pinched a loaf at the restroom.
아이 핀취 터 로웁 앳 더 레슷루움

loaf 덩어리

○ 그는 대변보러
화장실에 갔다.
→ He went to the restroom to post
a letter.
히 웬(ㅌ) 투 더 레슷루움 투 포우슷 어 레더

○ 3일 동안 변을 보지
못했어요.
→ I haven't had a bowel
movement for 3 days.
아이 해븐(ㅌ) 햇 어 바월 무(ㅂ)먼(ㅌ) 퍼 쓰리- 데이(ㅈ)

bowel 창자, 대장

○ 대변이 마려워요. ➔ I have a bowel movement.
아이 해 버 바월 무(ㅂ)먼(ㅌ)

➔ I have to take a shit.
아이 해(ㅂ) 투 테익 어 쉿

shit 똥

Tip. **화장실에 가다**
- answer the call
- answer the call[demands] of nature
- leave the room (구어)
- see Mrs. Murphy (구어, Mrs. Murphy는 구어적 표현으로 '화장실'을 의미함)
- wash one's hands (완곡)
- powder one's nose[puff] (여성에게 사용하는 완곡한 표현)
- pay a call (구어 완곡)
- check the plumbing (미국 속어) (plumbing은 원래 수도 가스관의 설치 및 수리를 의미하는 말)
- make a pit stop (속어, 여행 중 소변을 보기 위해 화장실에 들를 때)
- May I be excused? (학교에서 학생이 수업 중 화장실에 가려고 할 때)

Tip. **소변을 보다**
- make water / pass water (water는 눈물, 땀, 오줌, 침 등의 분비액을 의미)
- relieve nature (대변·소변을 보다)
- urinate (소변과 함께 배설하다)
- do ones (속어)
- drain off (남성에게 사용하는 속어)
- have a splash (영국 속어) (splash는 물 튀김, 물 튀기는 소리를 의미하며 남성에게 사용)
- squeeze the lemon (미국 속어)
- number 2 (젊은이들 사이에 쓰이는 속어입니다. number 1은 '대변'을 의미합니다.)

욕실 사용

○ 난 매일 샤워를 해요.

→ I take a shower every day.

아이 테익 어 샤워 에브리 데이

○ 욕실을 좀 써도
될까요?

→ May I use your bathroom?

메이 아이 유(ㅈ) 유어 배쓰루움

○ 아침에는 머리 감을
시간이 없어서 주로
저녁에 감아요.

→ I usually wash my hair in the
evening because I don't have
time in the morning.

아이 유쥬얼리 워쉬 마이 헤어 인 디 이-브닝 비커-(ㅈ)
아이 도운(ㅌ) 해(ㅂ) 타임 인 더 머-닝

○ 샤워 후에 목욕탕을
청소하세요.

→ Please clean the bathroom after
you finish taking a shower.

플리-(ㅈ) 클리인 더 배쓰루움 애(ㅍ)터 유 피니쉬 테이킹
어 샤워

○ 넌 샤워하는 데
시간이 너무 많이
걸려.

→ You make a long business of
having a shower.

유 메익 어 러엉 비즈니(ㅅ) 어(ㅂ) 해빙 어 샤워

make a long business of ~하는 데 시간이 걸리다

○ 욕실 배수관이
고장 났어요.

→ **The bathroom drain doesn't work.**
더 배쓰루움 드레인 더즌(ㅌ) 워-(ㅋ)

○ 공중목욕탕에
가 본 적 있어요?

→ **Have you ever been to a public bath in Korea?**
해 뷰 에버 빈 투 어 퍼블릭 배쓰 인 커리-아

거실 생활

○ 저녁 식사 후에 우리
가족은 거실에서
커피를 마셔요.

→ **After dinner all my family have coffee in the salon.**
애(ㅍ)터 디너 어얼 마이 패밀리 해(ㅂ) 커-피 인 더 서랑

○ 저녁이면 우리
가족은 거실에 모여
앉아 단란한 한때를
갖곤 했었죠.

→ **In the evening, all my family used to sit in the living room enjoying each other's company.**
인 디 이-브닝, 어얼 마이 패멀리 유쯧 투 싯 인 더 리빙 루움
인조잉 이-취 어더(ㅅ) 컴패니

○ 그는 거실에서
빈둥거리고 있어요.

→ **He just lounges around in the living room.**
히 저숫 라운쥐 서라운 딘 더 리빙 루움

lounge 빈둥거리다

100

○ 거실이 좀 더 넓으면
좋겠어요.

➡I need a more spacious living room.

아이 니잇 어 머- 스패셔(ㅅ) 리빙 루움

○ 거실에는 TV가
있어요.

➡There is a TV in the living room.

데어 이즈 어 티-비- 인 더 리빙 루움

○ 우리 집 거실은 너무
혼잡해.

➡Our living room is too crowded.

아워 리빙 루움 이즈 투- 크라우딧

○ 거실 전체를 다시
꾸며야겠어요.

➡We need to redo the entire living room.

위 니잇 투 리두 디 인타이어 리빙 루움

redo 다시 하다

부엌용품

○ 이 아파트의 부엌은
모든 설비가 갖춰져
있어요.

➡The kitchen in this apartment is fully equipped.

더 키친 인 디스 아파-(ㅌ)먼(ㅌ) 이즈 풀리 이쿠입(ㅌ)

equip 장비를 갖추다

○ 냄비가 찬장에
가지런히 놓여
있어요.

➡The pans are arranged neatly in the cupboard.

더 팬 사- 어랜쥐(ㄷ) 니잇리 인 더 컵버-(ㄷ)

○ 프라이팬은
크기 별로 정리되어
있어요.

→ **The frying pans are arranged by size.**
더 프라잉 팬 사- 어랜쥐(ㄷ) 바이 사이(ㅈ)

○ 그것들은 토기
그릇이에요.

→ **Those vessels are made of earth.**
도우즈 베슬 사- 메잇 어 버-쓰

earth 지구, 흙

○ 이 그릇들을
조심해서
다뤄야 해요.

→ **You should handle those bowls with care.**
유 슈(ㄷ) 핸들 도우즈 보울(ㅅ) 윗 캐어

○ 프라이팬은 오래
쏠수록 길들여져서
쓰기 좋아요.

→ **The longer you use a frying pan, the better it becomes for cooking.**
더 러엉거 유 유 저 프라잉 팬, 더 베더 잇 비컴(ㅅ) 퍼 쿠킹

○ 부엌 개수대에서
바닥으로 물이
새는데요.

→ **The kitchen sink leaks water onto the floor.**
더 키친 싱(ㅋ) 리익(ㅅ) 워-터 안터 더 플러-

냉장고

○ 남은 음식은 냉장고에
넣어 둘게요.

→ **I'll put the leftovers in the fridge.**
아일 풋 더 레풋오우버 신 더 프리쥐

leftover 남은 음식

○ 냉장고가 열려 있잖니.
문 좀 닫아 줄래?

➡ **The refrigerator is open.
Close the door, please.**
더 리프리저레이터 이즈 오우펀. 클로우(ㅈ) 더 더-,
플리-(ㅈ)

○ 우리 집 냉장고에는
인스턴트 식품으로
가득 차 있어요.

➡ **My refrigerator is full of junk
food.**
마이 리프리저레이터 이즈 풀 어(ㅂ) 정(ㅋ) 푸웃

junk food 정크 푸드(건강에 좋지 못한 것으로 여겨지는
인스턴트 음식이나 패스트푸드)

○ 부엌에 큰 냉장고를
넣을 공간이 없어요.

➡ **There is no space in the kitchen
to put a bigger refrigerator.**
데어 이즈 노우 스페이 신 더 키친 투 풋 어 비거
리프리저레이터

○ 이 냉장고는 용량이
어떻게 되나요?

➡ **What's the volume of this
refrigerator?**
왓(ㅊ) 더 발륨 어(ㅂ) 디스 리프리저레이터

○ 우리 집 냉장고의
용량은 약 700ℓ예요.

➡ **This refrigerator's capacity is
about 700L.**
디스 리프리저레이터(ㅅ) 커패시티 이즈 어바웃
세븐 헌드레(ㅈ) 리터(ㅅ)

○ 냉장고에 문제가
생겨서 냉동실
얼음이 녹고 있어요.

➡ **Since there's something wrong
with the refrigerator, ice in the
freezer is melting.**
신(ㅅ) 데어(ㅈ) 섬씽 러엉 윗 더 리프리저레이터, 아이 신 더
프리-저 이즈 멜팅

전자레인지 & 가스레인지

○ 전자레인지는
현대인의 주방
필수품이 되었어요.

→ A microwave became
the necessities of modern
kitchen life.
어 마이크로웨이(ㅂ) 비케임 더 네세시티 져(ㅂ) 마던 키친
라이(ㅍ)

necessities 필수품

○ 전자레인지는
음식을 조리하는
시간을 줄여 줍니다.

→ A microwave can reduce
the time to cook.
어 마이크로웨이(ㅂ) 캔 리두(ㅅ) 더 타임 투 쿡

○ 전자레인지에
금속으로 된 그릇을
넣으면 안 돼요.

→ You shouldn't put the dishes
made of metal in the microwave.
유 슈든(ㅌ) 풋 더 디쉬(ㅈ) 메잇 어(ㅂ) 메틀 인 더
마이크로웨이(ㅂ)

○ 전자레인지는
마이크로파를
이용한 열로 음식을
조리하거나 데우는
주방기구입니다.

→ A microwave oven is a kitchen
appliance that cooks or heats
food using microwaves.
어 마이크로웨이(ㅂ) 어번 이즈 어 키친 어플라이언(ㅅ)
댓 쿡 서 히잇(ㅊ) 푸웃 유징 마이크로웨이(ㅂㅅ)

○ 사만싸는
가스레인지를 켜고
있었다.

➔ Samantha was turning on her gas stove.

사만싸 워즈 터-닝 언 허 개(ㅅ) 스터(ㅂ)

○ 어린이들이
가스레인지를
사용하는 건
위험해요.

➔ It's dangerous for children to use gas stoves.

잇(ㅊ) 댄저러(ㅅ) 퍼 칠드런 투 유(ㅈ) 개(ㅅ) 스터(ㅂㅅ)

요리 준비

○ 저녁 식사를
준비하는 중이에요.

➔ I'm in the middle of making dinner.

아임 인 더 미들 어(ㅂ) 메이킹 디너

in the middle of ~의 도중에

○ 오늘 저녁은 뭐야?

➔ What's for favorite dish?

왓(ㅊ) 퍼 페이버릿 디쉬

○ 배고프다는 불평 좀
그만하렴.

➔ Stop complaining about being hungry.

스탑 컴플레이닝 어바웃 비잉 헝그리

○ 10여 분 후면 저녁이
준비될 거야.

➔ Dinner will be ready in about 10 minutes.

디너 윌 비- 레디 인 어바웃 텐 미닛(ㅊ)

○ 곧 저녁 식사를
시작할게. 그때까지
기다릴 수 있지?

➜ I'll be starting dinner shortly.
Can you wait until then?
아일 비- 스타-팅 디너 셔-(ㅌ)리. 캔 유 웨잇 언틸 덴

shortly 곧, 얼마 안 되어서

○ 쉽고 빠르게
준비할 수 있는
요리는 뭔가요?

➜ Which dish is quick and easy to
prepare?
위취 디쉬 이즈 쿠익 앤(ㄷ) 이-지 투 프리패어

○ 식탁 차리는 것 좀
도와줄래?

➜ Will you help me prepare the
table?
윌 유 헬(ㅍ) 미 프리패어 더 테이블

요리하기

○ 맛있는 냄새 때문에
군침이 도는걸.

➜ The delicious cooking smell
made my mouth water.
더 딜리셔(ㅅ) 쿠킹 스멜 메잇 마이 마우쓰 워-터

○ 네가 좋아하는 걸
만들었어.

➜ I made your favorite.
아이 메잇 유어 페이버릿

○ 저녁으로 불고기를
준비했어요.

➜ I have prepared Bulgogi for
dinner.
아이 해(ㅂ) 프리패어(ㄷ) 불고기 퍼 디너

○ 맛은 어때요?
→How does it taste?
하우 더즈 잇 테이슷

○ 엄마가 쓰던 요리법을 사용했을 뿐이에요.
→I just use my mom's old recipe.
아이 저슷 유(ㅈ) 마이 맘 소울(ㄷ) 레서피

recipe 요리법

○ 요리법 좀 가르쳐 줄래요?
→Would you mind sharing the recipe?
우 쥬 마인(ㄷ) 쉐어링 더 레서피

○ 이 요리법에 나온 대로만 따라 하세요.
→Just follow the steps in this recipe.
저슷 팔로우 더 스텝 신 디스 레서피

○ 여러분을 위해 준비한 저녁을 맛있게 드세요.
→Please make a feast of the dinner I prepared for you.
플리-(ㅈ) 메익 어 피-슷 어(ㅂ) 더 디너 아이 프리패엇 퍼 유

feast 대접, 잔치/ make a feast of ~을 맛있게 먹다

식사 예절

○ 입에 음식을 넣은 채 말하지 마라.
→Don't talk with your mouth full.
도운(ㅌ) 터억 윗 유어 마우쓰 풀

○ 음식을 남기지 말고 다 먹도록 해.

→You should clean your plate.
유 슈(ㄷ) 클리인 유어 플레잇

plate 접시, 그릇, 한 접시 (분량의 음식)

○ 식탁에 팔꿈치를 올리면 안 돼요.

→You shouldn't put your elbows on the table.
유 슈든(ㅌ) 풋 유어 엘보우 선 더 테이블

○ 식사를 마치면 포크와 나이프를 접시 위에 놓으세요.

→When you finish eating, put your knife and fork on the plate.
웬 유 피니쉬 이-팅, 풋 유어 나이(ㅍ) 앤(ㄷ) 퍼- 컨 더 플레잇

○ 식탁에서 신문 읽는 것 그만두면 안 되겠어요?

→Would you stop reading the paper at the table?
우 쥬 스탑 리-딩 더 페이퍼 앳 더 테이블

○ 자리에서 먼저 일어나도 될까요?

→May I leave the table?
메이 아이 리-(ㅂ) 더 테이블

→May I be excused?
메이 아이 비- 익스큐-줏

→Do you mind if I leave the table?
두 유 마인 디(ㅍ) 아이 리-(ㅂ) 더 테이블

mind 마음, 언짢아하다, 상관하지 않다

108

설거지

○ 식탁 좀 치워 줄래요? → **Would you clear the table?**
우 쥬 클리어 더 테이블

○ 그릇을 개수대에 넣어 줘. → **Put your dishes in the sink.**
풋 유어 디쉬 진 더 싱(ㅋ)

○ 식탁을 치우고 그릇을 식기세척기에 넣어 줄래요? → **Could you clear the table and load the dishwasher?**
쿠 쥬 클리어 더 테이블 앤(ㄷ) 로웃 더 디쉬워셔

○ 설거지는 내가 할게요. → **I'll do the dishes.**
아일 두 더 디쉬(ㅈ)

○ 그가 제 대신 설거지를 할 거라고 했어요. → **He said that he'd wash up for me.**
히 셋 댓 히(ㄷ) 워쉬 업 퍼 미

wash up 설거지를 하다

○ 요리는 당신이 했으니 설거지는 내가 하죠. → **I'll do the dishes tonight, since you cooked for me.**
아일 두 더 디쉬(ㅈ) 터나잇, 신(ㅅ) 유 쿡(ㅌ) 퍼 미

○ 설거지를 하려고
싱크대에 손을
담갔어요.

→I submerged my hands in the
sink to wash dishes.

아이 섭머-쥐(ㄷ) 마이 핸 진 더 싱(ㅋ) 투 워쉬 디쉬(ㅈ)

submerge 물에 담그다

위생

○ 식사 전에 손을
비누로 깨끗이
씻어라.

→Wash your hands clean with
soap before each meal.

워쉬 유어 핸(ㅈ) 클리인 윗 소웁 비퍼- 이-취 미일

○ 그녀는 집에 돌아오면
항상 손부터 씻는다.

→She always washes her hands
first as soon as she gets home.

쉬 어얼웨이(ㅈ) 워쉬(ㅈ) 허 핸(ㅈ) 퍼-슷 애(ㅈ) 수운 애(ㅈ)
쉬 겟(ㅊ) 호움

○ 독감 예방을 위해
가장 중요한 것은
외출했다 돌아와서
손을 씻는 거예요.

→Most importantly, wash your
hands after returning from
outdoors to prevent the flu.

모우슷 임퍼-턴(ㅌ)리, 워쉬 유어 핸 재(ㅍ)터 리터-닝 프럼
아웃더-(ㅅ) 투 프리벤(ㅌ) 더 플루-.

○ 그들은 위생 관념이
없어요.

→They have no sense of hygiene.

데이 해(ㅂ) 노우 센 서(ㅂ) 하이진

hygiene 위생

110

- 그녀는 지나치게 청결에 집착해요.

→ She has a fetish about neatness.
쉬 해즈 어 페티쉬 어바웃 니잇니(ㅅ)

→ She is fanatical about being clean.
쉬 이즈 퍼내티컬 어바웃 비잉 클리인

fetish 광신, 집착

- 청결이 병을 예방하는 최선책이에요.

→ Keeping clean is a safeguard against disease.
키-핑 클리인 이즈 어 세이(ㅍ)가- 더게인슷 디지-(ㅈ)

safeguard 보호책

청소

- 방이 어질러졌네. 좀 치우도록 해.

→ The room is so messy. Clean it up.
더 루움 이즈 소우- 메시. 클리인 잇 업

messy 어질러진

- 청소기를 돌려야겠어.

→ I have to vacuum.
아이 해(ㅂ) 투 배큐엄

vacuum 진공청소기, 진공청소기를 돌리다

- 집 청소하는 것 좀 도와줘.

→ Help me clean the house.
헬(ㅍ) 미 클리인 더 하우(ㅅ)

○ 선반의 먼지 좀
  털어 줄래?

➔ **Can you dust the shelves?**
  캔 유 더숫 더 쉘브(ㅈ)

○ 나는 매달 한 번씩
  집 안 구석구석을
  청소한다.

➔ **I clean the house from cellar to
  rafter once a month.**
  아이 클리인 더 하우(ㅅ) 프럼 셀러 투 래(ㅍ)터 원 서 먼쓰

rafter 서까래

○ 방 청소는
  네 책임이잖아.

➔ **You are responsible for the
  sweeping of the room.**
  유 아- 리스판서블 퍼 더 스위-핑 어(ㅂ) 더 루움

sweep 쓸다

○ 청소하지 않고도
  집이 깨끗해졌으면
  좋겠어.

➔ **I want my house clean without
  cleaning it.**
  아이 원(ㅌ) 마이 하우(ㅅ) 클리인 위다웃 클리-닝 잇

걸레질

○ 내가 청소기를
  돌릴 테니 당신은
  걸레질을 해 줄래요?

➔ **I will vacuum the floor and
  will you mop it?**
  아이 윌 배큐엄 더 플러- 앤(ㄷ) 윌 유 맙 잇

mop 대걸레, 대걸레로 (바닥을) 닦다

○ 이 마룻바닥은
  걸레질이
  필요하겠는데.

➔ **This floor needs scrubbing.**
  디스 플러- 니-(ㅈ) 스크러빙

scrub 문질러 닦다

○ 엎지른 물을 걸레로 훔쳐냈어.
→ I wiped up the spilt water with a cloth.
아이 와입 텁 더 스플릿 워터 윗 어 클러-쓰

cloth (천으로 만든) 손걸레

○ 창문 좀 닦아 줄래요?
→ Would you scrub the windows?
우 쥬 스크럽 더 윈도우(ㅅ)

○ 아침 내내 욕조를 문질러 닦았다.
→ All morning I scrubbed the bathtub.
어얼 머-닝 아이 스크럽(ㅌ) 더 배쓰텁

분리수거(쓰레기)

○ 쓰레기통 좀 비우지 그래?
→ Why don't you take out the garbage?
와이 도운 츄 테익 아웃 더 가-비쥐

garbage 쓰레기(= waste, trash)

○ 쓰레기 좀 버려 줄래요?
→ Would you take out the garbage?
우 쥬 테익 아웃 더 가-비쥐

○ 어젯밤에 쓰레기 내다 놨어요?
→ Did you put out the garbage last night?
디 쥬 풋 아웃 더 가-비쥐 래숫 나잇

| 오늘은 쓰레기 수거일이다. | ➡ It's garbage collection day today. |
| | 잇(츠) 가-비쥐 컬렉션 데이 터데이 |

| 쓰레기는 분리해서 버려야 해요. | ➡ You should separate the garbage before you dispose of it. |
| | 유 슈(ㄷ) 세퍼레잇 더 가-비쥐 비퍼- 유 디스포우 저 빗 |

dispose 처리하다

| 재활용 쓰레기는 어디에 버려야 하나요? | ➡ Where should I put the recyclable garbage? |
| | 웨어 슈 다이 풋 더 리싸이커블 가-비쥐 |

recyclable garbage 재활용 쓰레기

| 쓰레기 더미에서 악취가 나요. | ➡ The garbage dump gives off a terrible smell. |
| | 더 가-비쥐 덤(ㅍ) 기(ㅂ) 서- 퍼 테러블 스멜 |

세탁

| 오늘은 빨래를 해야 해. | ➡ I need to do my laundry today. |
| | 아이 니잇 투 두 마이 런드리 터데이 |

| 빨래가 산더미야. | ➡ The laundry has piled up. |
| | 더 런드리 해즈 파일 덥 |

○ 세탁기를 돌려야겠어.

➔ I'll run the washing machine.
아일 런 더 워싱 머신

○ 다림질할 옷이 산더미야.

➔ I have a lot of clothes to iron.
아이 해 버 랏 어(ㅂ) 클로우(ㅈ) 투 아이런

○ 빨래 좀 널어 주세요.

➔ Would you hang the laundry up to dry?
우 쥬 행 더 런드리 업 투 드라이

➔ Please put up the clothes to dry.
플리-(ㅈ) 풋 업 더 클로우(ㅈ) 투 드라이

○ 빨래 좀 개어 줄래요?

➔ Please help me fold up the clothes.
플리-(ㅈ) 헬(ㅍ) 미 포울 덥 더 클로우(ㅈ)

fold up 반듯하게 접다

○ 셔츠 좀 다려 줄래요?

➔ Will you iron the shirts?
윌 유 아이런 더 셔-(ㅊ)

iron 다리미질을 하다, 다리미, 철

○ 양복을 찾으러 세탁소에 가야 한다.

➔ I need to pick up my suit at the cleaner's.
아이 니잇 투 픽 업 마이 수웃 앳 더 클리-너(ㅅ)

집 꾸미기

○ 전 집 꾸미기를
  좋아해요.

→ I like furnishing houses.
  아이 라익 퍼니싱 하우지(ㅈ)

○ 인테리어나 가구
  디자인에 관심이
  많아요.

→ I'm interested in architecture
  and the design of furniture.
  아임 인터레스티 딘 아-키텍쳐 앤(ㄷ) 더 디자인 어(ㅂ)
  퍼니쳐

○ 새집의 인테리어가
  마음에 들지 않아요.

→ I don't like the interior design of
  my new house.
  아이 도운(ㅌ) 라익 디 인터리어 디자인 어(ㅂ) 마이 누-
  하우(ㅅ)

○ 인테리어 전문가가
  집 전체를 개조했다.

→ The decorator made over
  the entire house.
  더 데코레이터 메잇 오우버 디 인타이어 하우(ㅅ)

○ 새 커튼은 벽 색깔과
  어울리지 않아.

→ The new curtains do not blend
  with the color of the wall.
  더 누- 커-튼(ㅅ) 두 낫 블렌(ㄷ) 윗 더 컬러 어(ㅂ) 더 월

○ 빌의 집 거실은
  화려한 가구로
  꾸며져 있어요.

→ Bill's living room was luxuriously
  furnished.
  빌(ㅅ) 리빙 루움 워즈 럭져리어슬리 퍼니쉬(ㅌ)

운전

○ 어제 운전면허를
   땄어요.

➜ I got my driver's license
yesterday.
아이 갓 마이 드라이버(ㅅ) 라이센(ㅅ) 예스터데이

driver's license 운전면허증

○ 난 아직 운전에
   익숙하지 않거든요.

➜ I'm not used to driving a car yet.
아임 낫 유즛 투 드라이빙 어 카- 옛

○ 그는 운전에 아주
   능숙해요.

➜ He is an expert in driving a car.
히 이즈 언 엑스퍼- 틴 드라이빙 어 카-

○ 최근에 운전면허를
   갱신했어요.

➜ I recently renewed my driver's
license.
아이 리센(ㅌ)리 리누-(ㄷ) 마이 드라이버(ㅅ) 라이센(ㅅ)

renew 갱신하다

○ 내 운전면허증은
   다음 달이 만기예요.

➜ My driver's license expires next
month.
마이 드라이버(ㅅ) 라이센(ㅅ) 익스파이어(ㅅ) 넥슷 먼쓰

○ 음주 운전으로
   면허를
   취소당했어요.

➜ I had my license revoked for
drunk driving.
아이 햇 마이 라이센(ㅅ) 리보욱(ㅌ) 퍼 드렁(ㅋ) 드라이빙

revoke 취소하다

넌 운전이 너무 난폭해서 같이 타기 겁나.	→ You drive so recklessly and it's unnerving just to ride with you. 유 드라이(ㅂ) 소우- 렉리슬리 앤 딧 천너-빙 저숫 투 라이(ㄷ) 윗 유
너무 빠르잖아. 속도 좀 줄여!	→ You're driving too fast. Slow down! 유어 드라이빙 투- 패슷. 슬로우 다운
조심해! 빨간불이야!	→ Watch out! It changed to red! 왓춰 아웃! 잇 체인쥐(ㄷ) 투 렛
내가 교대로 운전해 줄까?	→ Can I take over the wheel? 캔 아이 테익 오우버 더 휘일 → May I drive for you? 메이 아이 드라이(ㅂ) 퍼 유
안전벨트를 매도록 해.	→ Fasten your seat belt. 패슨 유어 시잇 벨(ㅌ)
에어컨 좀 켜도 될까요?	→ Would you mind if I turn on the air conditioning? 우 쥬 마인 디(ㅍ) 아이 터언 언 디 에어 컨디셔닝

air conditioning (건물·자동차의) 에어컨 (장치)

| 길을 잃은 것 같은데. | → We seem to be lost.
위 시임 투 비- 러-숫 |

○ 좌회전해야 하니
  좌측 차선으로
  들어가.

→ **Get over in the left lane to turn left.**

겟 오우버 인 더 레픗 레인 투 터언 레픗

○ 이 길이 정말
  맞는 거야?

→ **Are you sure this is the right road?**

아- 유 슈어 디스 이즈 더 라잇 로웃

주차

○ 주차장은 어디에
  있나요?

→ **Where is the parking lot?**

웨어 이즈 더 파-킹 랏

→ **Where can I park the car?**

웨어 캔 아이 파악 더 카-

parking lot 주차장, 주차 지역

○ 여기에 주차해도
  되나요?

→ **Can I park here?**

캔 아이 파악 히어

→ **Is parking available?**

이즈 파-킹 어베일러블

○ 건물 뒤에 주차장이
  있습니다.

→ **There is a parking lot behind the building.**

데어 이즈 어 파-킹 랏 비하인(ㄷ) 더 빌딩

○ 시간당 주차료는
  얼마인가요?

→ **How much is it per hour?**

하우 머취 이즈 잇 퍼 아워

○ 주차장은
만차입니다.
→The lot's full.
더 랏(ㅊ) 풀

○ 저희가 주차해
드리겠습니다.
→We'll park for you.
위일 파악 퍼 유

○ 내가 주차장에서
차를 빼 올게.
→I'm taking the car out of the lot.
아임 테이킹 더 카- 아웃 어(ㅂ) 더 랏

○ 주차 금지!
→No parking here!
노우 파-킹 히어

교통 체증

○ 길이 꽉 막혔어요.
→I got caught in traffic.
아이 갓 커엇 인 츠래픽
→I got stuck in traffic.
아이 갓 스턱 인 츠래픽
→I was held up in traffic.
아이 워즈 헬 덥 인 츠래픽
→I was tied up in traffic.
아이 워즈 타이 덥 인 츠래픽

stuck in traffic 교통이 막힌

○ 오늘은 교통 체증이
아주 심한데요.

➔ **The traffic is really bad today.**
더 츠래픽 이즈 리얼리 뱃 터데이

○ 모든 도로가
주차장으로
변해 버렸어요.

➔ **All the roads were turned into parking lots.**
어얼 더 로우 쿼- 터언 딘투 파-킹 랏(ㅊ)

○ 왜 밀리는 거죠?

➔ **What's the holdup?**
왓(ㅊ) 더 호울덥

holdup (수송 등의) 정체, 지체, 정지

○ 앞에서 교통사고가
난 것 같은데요.

➔ **There must be an accident up ahead.**
데어 머슷 비- 언 액시던 텁 어헷

○ 이 길은 항상 밀려요.

➔ **The traffic on this street is always heavy.**
더 츠래픽 언 디스 스츠리잇 이즈 어얼웨이(ㅈ) 헤비

○ 버스가 콩나물시루
같아요.

➔ **The bus is packed.**
더 버스 이즈 팩(ㅌ)

pack (사람·물건으로) 빽빽이 채우다

교통 위반

○ 오른쪽 길옆으로
차를 세워 주세요.
→ **Pull up to the right.**
풀 업 투 더 라잇

pull up 멈추다, 서다

○ 운전면허증 좀
보여 주시겠어요?
→ **May I see your driver's license?**
메이 아이 시- 유어 드라이버(ㅅ) 라이센(ㅅ)

○ 운전면허증하고,
차량 등록증,
자동차 보험증을
보여 주세요.
→ **I'll need to see your driver's
license, registration and proof of
insurance.**
아일 니잇 투 시- 유어 드라이버(ㅅ) 라이센(ㅅ),
레지스츠레이션 앤(ㄷ) 프루- 퍼 빈슈어런(ㅅ)

○ 차에서 내려
주시겠어요?
→ **Step out of the car, please.**
스텝 아웃 어(ㅂ) 더 카-, 플리-(ㅈ)

○ 음주 측정기를
부세요.
→ **Please blow into this
breathalyzer.**
플리-(ㅈ) 블로우 인투 디스 브레썰라이저

○ 정지 신호에서
멈추지 않으셨네요.

➜ **You didn't stop for the stop sign.**
유 디든(ㅌ) 스탑 퍼 더 스탑 사인

➜ **You ignored the red light.**
유 익너-(ㄷ) 더 렛 라잇

○ 제한 속도를
위반하셨습니다.

➜ **You were driving faster than the limit.**
유 워- 드라이빙 패스터 댄 더 리밋

○ 속도위반으로
걸린 적 있습니까?

➜ **Have you ever been stopped for speeding?**
해 뷰 에버 빈 스탑(ㅌ) 퍼 스피-딩

○ 주차 위반 딱지를
받았습니다.

➜ **I got a parking ticket.**
아이 갓 어 파-킹 티킷

ticket 위반 딱지/
get a ticket 위반 딱지를 떼다/
parking ticket 주차 위반 딱지

○ 속도위반 딱지를
끊겠습니다.

➜ **I'll issue a speeding ticket.**
아일 이슈- 어 스피-딩 티킷

speeding ticket 속도위반 딱지

○ 벌금은 얼마인가요?

➜ **How much is the fine?**
하우 머취 이즈 더 파인

➜ **How much shall I charge?**
하우 머취 샬 아이 차-쥐

○ 무단 횡단을 하면
  안 됩니다.

→ **You shouldn't jaywalk.**
  유 슈든(ㅌ) 제이웍

→ **Don't run the light.**
  도운(ㅌ) 런 더 라잇

jaywalk 무단 횡단하다
* pedestrian crossing 횡단보도
* pedestrian bridge 횡단 육교

○ 이 차선은 좌회전
  전용입니다.

→ **This lane is left-turns only.**
  디스 레인 이즈 레픗 터언 소운리

Unit 4 이사

부동산 – 집 구하기

○ 새 아파트를 구하고
있습니다.

→ **I'm looking for a new apartment.**
아임 루킹 퍼 어 누- 아파-트먼(트)

look for 찾다, 구하다

○ 추천해 주실 집이
있나요?

→ **Could you recommend some places?**
쿠 쥬 레커멘(드) 섬 플레이시(스)

○ 어느 정도
크기의 집을 찾고
있으세요?

→ **How big a place are you looking for?**
하우 빅 어 플레이 사- 유 루킹 퍼

○ 방 두 개짜리
아파트를 원합니다.

→ **I'd like a two-bedroom apartment.**
아이(드) 라익 어 투- 벳루움 아파-트먼(트)

○ 지하철역에서
가까운 집이 있나요?

→ **Do you have a house close to a subway station?**
두 유 해 버 하우(스) 클로우(스) 투 어 섭웨이 스테이션

○ 요구에 맞는
좋은 곳이 있습니다.

→ **I had a good one to fill your order.**
아이 햇 어 굿 원 투 필 유어 어-더

○ 이 아파트는 방이 몇 개인가요?

➡ **How many rooms does this apartment have?**
하우 매니 루움(ㅅ) 더즈 디스 아파-트먼(ㅌ) 해(ㅂ)

○ 빌트인에 방 두 개와 욕실이 있습니다.

➡ **It has two fully-furnished rooms and a bath.**
잇 해즈 투- 풀리 퍼니쉬(ㅌ) 루움 샌 더 배쓰

부동산 – 조건 보기

○ 보증금과 월세를 내요.

➡ **There is a deposit and a monthly rent system.**
데어 이즈 어 디파짓 앤 더 먼쓰리 렌(ㅌ) 시스틈

○ 교통은 어떤가요?

➡ **What's the transportation like?**
왓(ㅊ) 더 츠랜스포테이션 라익

○ 지하철역에서 걸어서 10분 거리입니다.

➡ **10 minutes' walk from the subway station.**
텐 미닛(ㅊ) 웍 프럼 더 섭웨이 스테이션

○ 몇 층인가요?

➡ **What floor is it on?**
왓 플러- 이즈 잇 언

floor 바닥, 층

○ 임대료는
얼마인가요?

→ How much is the rent?

하우 머취 이즈 더 렌(ㅌ)

○ 저희 동네는 집세가
아주 비싸요.

→ The rent is sky-high in my area.

더 렌(ㅌ) 이즈 스카이 하이 인 마이 에어리어

sky-high 하늘을 찌를 듯한, 너무 높은

○ 계약 기간은
얼마입니까?

→ How long is the lease?

하우 러엉 이즈 더 리-(ㅅ)

○ 임대할 집을 찾고
있어요.

→ We are looking for a house to
rent.

위 아- 루킹 퍼 어 하우(ㅅ) 투 렌(ㅌ)

부동산 – 계약하기

○ 계약하겠어요.　　➡I want to sign the lease.
　　　　　　　　　　아이 원(ㅌ) 투 사인 더 리-(ㅅ)

○ 이 집으로 하겠어요.　➡I'll take this.
　　　　　　　　　　아일 테익 디스

○ 이 아파트를　　　➡I'd like to rent this apartment.
　임대하겠어요.　　아이(ㄷ) 라익 투 렌(ㅌ) 디스 아파-트먼(ㅌ)

○ 계약서에 서명해　　➡Could you affix your stamp
　주시겠어요?　　　　here?
　　　　　　　　　　쿠 쥬 어픽 슈어 스탬(ㅍ) 히어

○ 언제 이사 올 수　　➡When can I move in?
　있을까요?　　　　웬 캔 아이 무- 빈

○ 당장 이사 들어가도　➡Can we move in anytime soon?
　될까요?　　　　　캔 위 무- 빈 애니타임 수운

move (집·근무지 등을) 옮기다, 이사하다

128

○ 임대료는 한 달에
500달러입니다.
공과금 포함입니다.

➡It's 500 dollars a month.
Utilities are included.
잇(ㅊ) 파이(ㅂ) 헌드레(ㅈ) 달러 저 먼쓰.
유틸리티 자- 인클루딧

○ 월세는 매월 1일에
내시면 됩니다.

➡Your rent is due on the 1st of
each month.
유어 렌 티즈 듀- 언 더 퍼-숫 어 비-취 먼쓰

due (돈을) 지불해야 하는

Tip. 다양한 주거 형태
• house 집, 주택(총칭)
• apartment 집주인과 건물이 떨어져 있는 건물
• studio 우리나라의 원룸에 해당하는 방 하나짜리 아파트
• one-bedroom apartment 침실 1개와 주방, 거실이
있는 아파트
• mansion 대저택
• villa 시골에 있는 (주로 부자들의) 큰 별장
• condominium 자신이 소유한 아파트
• cottage 시골에 있는 작은 집이나 별장
• townhouse 다닥다닥 붙어 있는 연립주택
• dormitory 기숙사
• company house 사택
• lodging 하숙
• co-op(cooperative) 여러 사람이 하나의 조합을 만들어
일정한 지분을 구입하면 거주가 가능한 건물

Chapter 3

어디에서든 문제없어!

음식 주문이나 쇼핑할 때 필요한 말을 제대로 써야 하는데
표현들이 정리가 안 된다고요?
장소별로 모아 둔 표현들을 제대로 찾아서 제대로 말해 볼까요!
Everywhere, I have no problem!
어떤 곳에 가든 이젠 자신감 충만!

Words

○ restaurant 레스터런(트)
　n. 음식점, 식당

○ café 캐페이
　= coffee shop 커-피 샵
　= coffee house 커-피 하우(스)
　n. 카페, 커피숍

○ store 스터-
　= shop 샵
　n. 가게, 상점

○ market 마-킷
　n. 시장

○ supermarket 수-퍼마-컷
　n. 슈퍼마켓, 마트

○ department store 디파-트먼(트) 스터-
　n. 백화점

○ buy 바이
　= purchase 퍼-쳐(스)
　v. 사다

○ sell 셀
　v. 팔다, 판매하다

○ **hospital** 하스피틀
  n. 병원

○ **pharmacy** 파-머씨
  n. 약국

○ **bank** 뱅(ㅋ)
  n. 은행

○ **exchange** 익스체인쥐
  n. 환전
  v. 환전하다

○ **beauty parlor** 뷰-티 파-러
  = **beauty salon** 뷰-티 서란
  n. 미용실

○ **laundry** 러언드리
  n. 세탁소

○ **gas station** 개(ㅅ) 스테이션
  n. 주유소

○ **theater** 씨-어터
  n. 극장, 영화관

음식점 추천

○ 간단하게 식사하고
　싶은데요.
→ **I'd like to have a light meal.**
아이(ㄷ) 라익 투 해 버 라잇 미일

a light meal 가벼운 식사

○ 이 근처에 맛있게
　하는 음식점
　있나요?
→ **Is there a good restaurant around here?**
이즈 데어 어 굿 레스터런(ㅌ) 어라운(ㄷ) 히어

○ 근처의 괜찮은
　식당을 좀
　추천해 주시겠어요?
→ **Would you recommend a nice restaurant near here?**
우 쥬 레커멘 더 나이(ㅅ) 레스터런(ㅌ) 니어 히어

○ 이 시간에 문을 연
　가게가 있습니까?
→ **Is there a restaurant open at this time?**
이즈 데어 어 레스터런(ㅌ) 오우펀 앳 디스 타임

○ 식당이 많은 곳은
　어디인가요?
→ **Where is the main area for restaurants?**
웨어 이즈 더 메인 에어리어 퍼 레스터런(ㅊ)

○ 특별히 정해 둔
　식당이라도 있나요?
→ **Did you have a particular place in mind?**
디 쥬 해 버 퍼티큐러 플레이 신 마인(ㄷ)

식당 예약

○ 제가 레스토랑을 예약할까요?

➔ Shall I book a table at the restaurant?
샬 아이 북 어 테이블 앳 더 레스터런(트)

book 예약하다

○ 그 레스토랑으로 예약해 주세요.

➔ Make a reservation for the restaurant, please.
메익 어 레저베이션 퍼 더 레스터런(트), 플리-(즈)

○ 예약이 필요한가요?

➔ Do we need a reservation?
두 위 니잇 어 레저베이션

○ 7시에 3인용 테이블을 예약하고 싶은데요.

➔ I'd like a table for three at 7 o'clock.
아이(드) 라익 어 테이블 퍼 쓰리- 앳 세븐 어클락

○ 창가 쪽 테이블로 해 주세요.

➔ I'd like a table near the window.
아이(드) 라익 어 테이블 니어 더 윈도우

○ 예약을 변경하고 싶습니다.

➔ I want to change my reservation.
아이 원(트) 투 체인쥐 마이 레저베이션

○ 예약을 취소해
　주세요.
→**Cancel my reservation, please.**
캔설 마이 레저베이션, 플리-(ㅈ)

예약 없이 갔을 때

○ 몇 분이신가요?
→**How many are with you?**
하우 메니 아- 윗 유
→**How large is your party?**
하우 라쥐 이즈 유어 파-티

party 단체, 파티, 정당

○ 다섯 명입니다.
→**We have a party of 5.**
위 해 버 파-티 어(ㅂ) 파이(ㅂ)
→**We are group of 5.**
위 아- 그루웁 어(ㅂ) 파이(ㅂ)
→**We need a table for 5, please.**
위 니잇 어 테이블 퍼 파이(ㅂ), 플리-(ㅈ)

○ 흡연석과 금연석 중
　어느 걸로 드릴까요?
→**Smoking or non-smoking?**
스모우킹 어 넌 스모우킹

○ 금연석으로
　부탁합니다.
→**Non-smoking, please.**
넌 스모우킹, 플리-(ㅈ)
→**Non-smoking would be nice.**
넌 스모우킹 우(ㄷ) 비- 나이(ㅅ)

○ 죄송하지만 지금
자리가 다 찼습니다.

→ I'm afraid no tables are available now.

아임 어(ㅍ)레잇 노우 테이블 사- 어베일러블 나우

available 이용할 수 있는

○ 어느 정도
기다려야 하나요?

→ About how long will we have to wait?

어바웃 하우 러엉 윌 위 해(ㅂ) 투 웨잇

○ 20분 정도
기다리셔야 하는데요.
기다리시겠어요?

→ There's a 20-minute wait. Would you mind waiting?

데어 서 트웬티 미닛 웨잇. 우 쥬 마인(ㄷ) 웨이팅

메뉴 보기

○ 메뉴 좀 볼 수
있을까요?

→ Can I see the menu, please?

캔 아이 시- 더 메뉴-, 플리-(ㅈ)

→ May I have a menu, please?

메이 아이 해 버 메뉴-, 플리-(ㅈ)

○ 오늘의 추천 메뉴는
무엇인가요?

→ What would you recommend?

왓 우 쥬 레커멘(ㄷ)

→ What's good today?

왓(ㅊ) 굿 터데이

→ What's today's special?

왓(ㅊ) 터데이(ㅅ) 스페셜

○ 메뉴를 좀 더 보고
  싶은데요.
→ **We need a little more time to look at the menu.**
위 니잇 어 리틀 머- 타임 투 룩 앳 더 메뉴-

○ 주문은 잠시 후에
  할게요.
→ **Could you take our orders a little later?**
쿠 쥬 테익 아워 어-더 서 리틀 레이터

order 주문, 명령, 질서

○ 이곳의 특선 요리는
  무엇인가요?
→ **What is the specialty of this house?**
왓 이즈 더 스페셜티 어(ㅂ) 디스 하우(ㅅ)

○ 저희는 가재 요리를
  전문으로 하고
  있습니다.
→ **We specialize in lobsters.**
위 스페셜라이 진 랍스터(ㅅ)

주문 전

○ 주문하셨습니까?
→ **Have you been served?**
해 뷰 빈 서-브(ㄷ)

○ 주문을 받아도
  될까요?
→ **Are you ready to order?**
아- 유 레디 투 어-더
→ **May I have your order?**
메이 아이 해 뷰어 어-더

138

○ 무엇으로
  하시겠습니까?
→ **What would you like?**
  왓 우 쥬 라익

○ 주문하고 싶은데요.
→ **We are ready to order.**
  위 아- 레디 투 어-더
→ **Will you take my order, please?**
  윌 유 테익 마이 어-더, 플리-(ㅈ)

○ 먼저 음료부터
  주문할게요.
→ **We'd like to order drinks first.**
  위(ㄷ) 라익 투 어-더 드링(ㅅ) 퍼-슷
→ **We'll begin with drinks.**
  위일 비긴 윗 드링(ㅅ)

  drink 음료, 마시다

○ 빨리 되는 게
  어떤 건가요?
→ **What can you serve quickly?**
  왓 캔 유 서-(ㅂ) 쿠익리

○ 저 사람이 먹고 있는
  것은 무엇입니까?
→ **What's that person having?**
  왓(ㅊ) 댓 퍼-슨 해빙

주문 결정

○ 좋아요,
  그걸로 할게요.
→ **Okay, I'll have that.**
  오우케이, 아일 해(ㅂ) 댓

○ 이걸로 주세요.

→I'd like this one, please.
아이(ㄷ) 라익 디스 원, 플리-(ㅈ)

○ 저도 같은 걸로
주세요.

→The same for me, please.
더 세임 퍼 미, 플리-(ㅈ)

same 같은, 동일한

○ 주문
확인하겠습니다.

→Let me check your order.
렛 미 첵 유어 어-더

○ 더 필요하신 건
없습니까?

→Anything else?
애니씽 엘(ㅅ)

○ 커피는 식사 후에
갖다주세요.

→Bring me the coffee later, please.
브링 미 더 커-피 레이터, 플리-(ㅈ)

→I'd like my coffee after the meal,
please.
아이(ㄷ) 라익 마이 커-피 애(ㅍ)터 더 미일, 플리-(ㅈ)

○ 주문을 변경할 수
있을까요?

→Can I change my order?
캔 아이 체인쥐 마이 어-더

140

○ 주문을 취소하고
싶은데요.
→ **I want to cancel my order.**
아이 원(ㅌ) 투 캔설 마이 어-더

주문하기 – 메인 요리

○ 스테이크는 어떻게
해 드릴까요?
→ **How would you like your steak?**
하우 우 쥬 라익 유어 스테익

○ 중간 정도로 익혀
주세요.
→ **Medium, please.**
미-디음, 플리-(ㅈ)

* 스테이크 익힘의 정도(덜 익힌 것 → 바짝 익힌 것)
bloody rare → rare → medium rare → medium
medium well → well-done → very well-done → burnt

○ 완전히 익혀 주세요.
→ **Well-done, please.**
웰던, 플리-(ㅈ)

○ 달걀은 어떻게 해
드릴까요?
→ **How would you like your eggs?**
하우 우 쥬 라익 유어 엑(ㅅ)

○ 스크램블로 해
주세요.
→ **I'll have them scrambled.**
아일 해(ㅂ) 뎀 스크램블(ㄷ)

* 여러 가지 달걀 요리법
sunny-side up 한쪽만 익힌 프라이/ over easy 양면을 익힌 프라이/
soft-boiled 반숙 / hard-boiled 완숙

주문하기 – 선택 사항

○ 밥과 빵 중 어느
것으로 하시겠어요?

→ **Which would you prefer, bread or rice?**

위취 우 쥬 프리퍼-, 브렛 어 라이(ㅅ)

prefer 선호하다

○ 수프나 샐러드가
함께 나옵니다.
어느 것으로
드릴까요?

→ **That comes with a soup or salad. Which would you like?**

댓 컴(ㅅ) 윗 어 소웁 어 샐럿. 위취 우 쥬 라익

○ 사이드 메뉴로 수프와
샐러드 중 선택하실 수
있습니다. 어느 것으로
하시겠어요?

→ **You can choose soup or salad for a side dish. What would you like?**

유 캔 추-(ㅈ) 소웁 어 샐럿 퍼 어 사이(ㄷ) 디쉬. 왓 우 쥬 라익

○ 드레싱은 어느 걸로
하시겠어요?

→ **What kind of dressing would you like?**

왓 카인 더(ㅂ) 드레싱 우 쥬 라익

○ 드레싱에는 어떤 게
있나요?

→ **What kind of dressing do you have?**

왓 카인 더(ㅂ) 드레싱 두 유 해(ㅂ)

142

주문하기 - 음료 & 디저트

○ 음료는 무엇으로
  하시겠습니까?

→ **What would you like to drink?**
  왓 우 쥬 라익 투 드링(ㅋ)

○ 술은 어떤 종류가
  있습니까?

→ **What kind of drinks do you have?**
  왓 카인 더(ㅂ) 드링(ㅅ) 두 유 해(ㅂ)

○ 물이면 됩니다.

→ **Water's fine with me.**
  워-터(ㅅ) 파인 윗 미

→ **Just a glass of water, please.**
  저슷 어 글래 서(ㅂ) 워-터, 플리-(ㅈ)

  ↘ 외국의 레스토랑에서 물을 시키면 종류를 물어봅니다.
  생수(bottled water)는 유료예요. 공짜 물을 시키려면
  수돗물을 뜻하는 tap water를 달라고 하면 됩니다.

○ 커피만 주세요.

→ **Just coffee, please.**
  저슷 커-피, 플리-(ㅈ)

○ 디저트를
  주문하시겠습니까?

→ **Would you like to order some dessert?**
  우 쥬 라익 투 어-더 섬 디저-(ㅌ)

→ **What would you like to have for dessert?**
  왓 우 쥬 라익 투 해(ㅂ) 퍼 디저-(ㅌ)

○ 디저트로는 무엇이
있습니까?

→ **What kind of dessert do you have?**
왓 카인 더(ㅂ) 디저-(ㅌ) 두 유 해(ㅂ)

○ 디저트는
아이스크림으로
할게요.

→ **I will have some ice cream for dessert.**
아이 윌 해(ㅂ) 섬 아이(ㅅ) 크리임 퍼 디저-(ㅌ)

주문하기 – 요청 사항

○ 소금을 넣지 않고
요리해 주세요.

→ **I'd like it cooked without salt.**
아이(ㄷ) 라익 잇 쿡(ㅌ) 위다웃 서얼(ㅌ)

○ 양파는 빼고 주세요.

→ **Hold the onion, please.**
홀(ㄷ) 디 어년, 플리-(ㅈ)

hold 붙들다, 잡다, 유지하다

○ 너무 맵지 않게
해 주세요.

→ **Make it not too spicy, please.**
메익 잇 낫 투- 스파이시, 플리-(ㅈ)

○ 빵을 좀 더 주세요.

→ **Can I have more bread?**
캔 아이 해(ㅂ) 머- 브렛

○ 소금 좀
갖다주시겠어요?

➡ **Could I have some salt, please?**
쿠 다이 해(ㅂ) 섬 서얼(ㅌ), 플리-(ㅈ)

○ 물 좀 더
주시겠어요?

➡ **May I have more water?**
메이 아이 해(ㅂ) 머- 워-터

○ 음료수를 바로
가져다드리겠습니다.

➡ **I'll bring your drinks right away.**
아일 브링 유어 드링(ㅋㅅ) 라잇 어웨이

웨이터와 대화

○ 오늘 이 테이블의
담당 서버입니다.

➡ **I'll be serving you tonight.**
아일 비- 서-빙 유 터나잇

○ 이 음식은 무슨
재료를 사용한
겁니까?

➡ **What are the ingredients for this?**
왓 아- 디 인그리-디언(ㅊ) 퍼 디스

ingredient 성분, 재료

○ 어떻게 요리한
겁니까?

➡ **How is it cooked?**
하우 이즈 잇 쿡(ㅌ)

이 소스의 재료는
무엇인가요?
→ **What's the base of this source?**
왓(ㅊ) 더 베이 서(ㅂ) 디스 서-(ㅅ)

포크를
떨어뜨렸습니다.
→ **I dropped my fork.**
아이 드랍(ㅌ) 마이 퍼-(ㅋ)

식탁 좀 치워
주시겠어요?
→ **Could you please clear the table?**
쿠 쥬 플리-(ㅈ) 클리어 더 테이블

clear 치우다, 분명한

테이블 위에 물 좀
닦아 주세요.
→ **Wipe the water off the table,
please.**
와입 더 워-터 어-(ㅍ) 더 테이블, 플리-(ㅈ)

접시 좀
치워 주시겠어요?
→ **Would you take the dishes away?**
우 쥬 테익 더 디쉬 저웨이

서비스 불만

주문한 음식이 아직
안 나왔는데요.
→ **My order hasn't come yet.**
마이 어-더 해즌(ㅌ) 컴 옛

146

○ 이건 제가 주문한 게
아닌데요.

→ **This is not what I ordered.**
디스 이즈 낫 왓 아이 어-더(ㄷ)

○ 고기가 충분히
익지 않았는데요.

→ **I'm afraid this meat is not done enough.**
아임 어(ㅍ)레잇 디스 미잇 이즈 낫 던 이넙

○ 좀 더
구워 주시겠어요?

→ **Could I have it broiled a little more?**
쿠 다이 해 빗 브러일 더 리들 머-

○ 이건 상한 것
같은데요.

→ **I'm afraid this food is stale.**
아임 어(ㅍ)레잇 디스 푸웃 이즈 스테일

→ **This food has gone bad.**
디스 푸웃 해즈 건 뱃

stale 상한(= go bad)

○ 수프에 뭐가
들어 있어요.

→ **There's something foreign in the soup.**
데어(ㅅ) 섬씽 퍼-런 인 더 소웁

○ 컵이 더러운데요.
다른 것
갖다주시겠어요?

→ **This glass is not clean.
Can I have another one?**
디스 글래 시즈 낫 클리인. 캔 아이 해 버나더 원

음식 맛 평가

○ 오늘 음식 맛은
어떠셨나요?

➤ Have you enjoyed your meal today?
해 뷰 인조이 쥬어 미일 터데이

○ 이렇게 맛있는
음식은 처음 먹어요.

➤ That was the most delicious meal I've ever had.
댓 워즈 더 모우숫 딜리셔(ㅅ) 미일 아이 베버 햇

➤ It is the best meal I've ever had.
잇 이즈 더 베숫 미일 아이 베버 햇

○ 좀 단 것 같아요.

➤ It's a little too sweet for me.
잇 처 리들 투- 스위잇 퍼 미

○ 맛이 담백해요.

➤ It's plain.
잇(ㅊ) 플레인

plain 담백한, 명료한, 평평한

○ 좀 기름진 것
같은데요.

➤ I think it's a little greasy.
아이 씽 킷 처 리들 그리-시

greasy 느끼한

148

○ 죄송하지만, 제
입맛에 맞지 않아요.　→ **Sorry, but it's not really my taste.**
서-리, 벗 잇(ㅊ) 낫 리얼리 마이 테이슷

계산

○ 계산서 부탁합니다.　→ **Check, please.**
첵, 플리-(ㅈ)

○ 계산은 어디서
하나요?　→ **Where is the cashier?**
웨어 이즈 더 캐쉬어

○ 세금과 봉사료는
포함되어 있나요?　→ **Does this bill include tax and
service charge?**
더즈 디스 빌 인클루드 택 샌(ㄷ) 서-비(ㅅ) 차-쉬

charge 요금

○ 각자 계산하기로
하죠.　→ **Let's go dutch.**
렛(ㅊ) 고우 덧취

○ 따로따로 계산해
주세요.　→ **Separate checks, please.**
세퍼레잇 첵(ㅅ), 플리-(ㅈ)

separate 분리된, 따로 떨어진

오늘은 제가 살게요.	→ **Let me treat you this time.**
	렛 미 츠리잇 유 디스 타임
	→ **It's my treat tonight.**
	잇(ㅊ) 마이 츠리잇 터나잇

treat 대접, 한턱, 다루다, 대우하다

| 그가 이미 계산했어요. | → **He got it all figured out already.** |
| | 히 갓 잇 어얼 피겨 다웃 어얼레디 |

카페

커피 한잔할래요?	→ **Shall we have a cup of coffee?**
	섈 위 해 버 컵 어(ㅂ) 커-피
	→ **How about having a cup of coffee?**
	하우 어바웃 해빙 어 컵 어(ㅂ) 커-피

| 커피 한잔하면서 얘기합시다. | → **Let's talk over a cup of coffee.** |
| | 렛(ㅊ) 터억 오우버 어 컵 어(ㅂ) 커-피 |

| 제가 커피 한잔 살게요. | → **Let me treat you to a cup of coffee.** |
| | 렛 미 츠리잇 유 투 어 컵 어(ㅂ) 커-피 |

○ 커피를 진하게
주세요.

→ I'd like my coffee strong.
아이(ㄷ) 라익 마이 커-피 스츠러엉

strong 진한, 향이 강한

○ 커피에 설탕이나
크림을 넣을까요?

→ Would you like some sugar or
cream in your coffee?
우 쥬 라익 섬 슈거 어 크리임 인 유어 커-피

○ 설탕과 크림을
넣어 주세요.

→ With sugar and cream, please.
윗 슈거 앤(ㄷ) 크리임, 플리-(ㅈ)

패스트푸드

○ 다음 분 주문하세요.

→ Next in line, please.
넥슷 인 라인, 플리-(ㅈ)

○ 와퍼 하나랑 콜라
주세요.

→ I'd like a Whopper and a coke,
please.
아이(ㄷ) 라익 어 워퍼 앤(ㄷ) 어 콕, 플리-(ㅈ)

○ 마요네즈는
빼 주세요.

→ With no mayo.
윗 노우 메오우

○ 피클을 빼 주세요. ➡ **Hold the pickles, please.**
호울(ㄷ) 더 픽클(ㅅ), 플리-(ㅈ)

○ 여기에서 드실 건가요 ➡ **For here or to go?**
아니면 포장인가요? 퍼 히어 어 투 고우
➡ **Eat in or take out?**
이잇 인 어 테익 아웃

take out 가지고 나가다

○ 버거에 치즈가 ➡ **Does the burger come with**
들어가나요? **cheese?**
더즈 더 버거 컴 윗 치-(ㅈ)

○ 위에 뭘 ➡ **What would you like on it?**
얹어 드릴까요? 왓 우 쥬 라익 언 잇

○ 1분 안에 준비해 ➡ **We'll have that ready in a**
드리겠습니다. **minute.**
위일 해(ㅂ) 댓 레디 인 어 미닛

배달

○ 피자 시켜 먹자! ➡ **Let's get some pizza!**
렛(ㅊ) 겟 섬 핏자
➡ **How about ordering pizza?**
하우 어바웃 어-더링 핏자

○ 좋아.

➡️**That sounds good.**
댓 사운(ㅈ) 굿

➡️**That's a great idea.**
댓 처 그레잇 아이디-어

➡️**I'd like that.**
아이(ㄷ) 라익 댓

○ 9.99달러에 두 판을
주문할 수 있는
쿠폰이 있어.

➡️**I've got a coupon for two small pizzas for 9.99.**
아이(ㅂ) 갓 어 쿠-판 퍼 투- 스머얼 핏자(ㅅ) 퍼
나인 나인티나인

○ 합해서 4달러
21센트입니다.

➡️**That comes to 4 dollars 21 cents in total.**
댓 컴(ㅅ) 투 퍼- 달러(ㅅ) 트웬티원 센 친 토우틀

in total 합해서, 통틀어

○ 배달되는데 얼마나
걸릴까요?

➡️**How soon will the pizza get here?**
하우 수운 윌 더 핏자 겟 히어

○ 30분 이내에
배달되도록 해
주세요.

➡️**Please make it in 30 minutes or less.**
플리-(ㅈ) 메익 잇 인 써-티 미닛(ㅊ) 어 레(ㅅ)

쇼핑

○ 같이 쇼핑하러 가지
않을래?

→ **Why don't we go shopping together?**
와이 도운(ㅌ) 위 고우 샤핑 터게더

○ 나는 쇼핑 중독이야.

→ **I'm a shopaholic.**
아임 어 샤퍼할릭

shopaholic 쇼핑 중독

○ 넌 명품만
밝히는구나.

→ **You are the type of person who digs only luxury goods.**
유 아- 더 타입 어(ㅂ) 퍼-슨 후 딕 소운리 럭셔리 굿(ㅈ)

luxury goods 명품

○ 한 시간밖에 없어서
백화점을 바쁘게
돌아다녔어요.

→ **I had only 1 hour so that I trotted about the department store.**
아이 햇 오운리 원 아워 소우- 댓 아이 츠롯티 더바웃 더
디파-트먼(ㅌ) 스터-

trot 바쁘게 돌아다니다

○ 충동구매를
하지 않으려면
쇼핑리스트를
만들어야 해.

→ **You should make a shopping list so that you don't buy anything impulsively.**
유 슈(ㄷ) 메익 어 샤핑 리슷 소우- 댓 유 도운(ㅌ) 바이
애니씽 임펄시블리

impulsive buying 충동구매

154

쇼핑몰

○ 쇼핑몰에 가면
다양한 가게에서
쇼핑할 수 있어.

→ We can shop at many different stores at the mall.
위 캔 샵 앳 메니 디퍼런(트) 스터- 잿 더 머얼

○ 쇼핑몰에서
쇼핑하면 시간을
절약할 수 있어.

→ Shopping at the mall makes us save time.
샤핑 앳 더 머얼 메익 어스 세이(ㅂ) 타임

○ 그냥 쇼핑몰에서
시간을 보냈어요.

→ I was just hanging out in the shopping mall.
아이 워즈 저슷 행잉 아웃 인 더 샤핑 머얼

→ I just enjoyed looking around in the mall.
아이 저슷 인조잇 루킹 어라운 딘 더 머얼

hang out 돌아다니다(= look around)

○ 저는 친구들과
어울려 쇼핑몰에
가는 것을 좋아해요.

→ I like hanging out with my friends in the shopping mall.
아이 라익 행잉 아웃 윗 마이 프렌 진 더 샤핑 머얼

○ 난 완전히 지쳤다고!
벌써 두 시간째 끌고
다녔잖아.

→ I'm totally exhausted!
You've dragged me along with
you for 2 hours already.

아임 토우털리 익저스팃! 유(ㅂ) 드랙(ㄷ) 미 어러엉 윗 유
퍼 투- 아워(ㅅ) 어얼레디

옷 가게

○ 찾으시는 물건이
있나요?

→ May I help you?

메이 아이 헬 퓨

○ 그냥 좀 둘러보는
중이에요.

→ I'm just looking around.

아임 저슷 루킹 어라운(ㄷ)

○ 지금 유행하는
스타일은
어떤 건가요?

→ What styles are popular now?

왓 스타일 사- 파퓰러 나우

popular 유행하는
(= in fashion, in vogue, prevailing)

○ 이건 유행이 지난 것
같은데요.

→ This seems to be out of fashion.

디스 시임(ㅈ) 투 비- 아웃 어(ㅂ) 패션

out of fashion 유행에 뒤떨어진
(= out of style, outdated, out-of-date)

156

좀 입어 봐도 될까요?	→ Can I try this on? 캔 아이 츠라이 디스 언
한번 입어 보세요.	→ Why don't you try it on? 와이 도운 츄 츠라이 잇 언
탈의실은 어디인가요?	→ Where is the fitting room? 웨어 이즈 더 피딩 루움

fitting room 탈의실

옷 구입 조건

사이즈가 어떻게 되십니까?	→ What size do you wear? 왓 사이(ㅈ) 두 유 웨어
M 사이즈는 저한테 안 맞아요. L 사이즈가 맞을 것 같아요.	→ Mediums don't fit me. I think I should go with large. 미-디음(ㅅ) 도운(ㅌ) 핏 미. 아이 씽(ㅋ) 아이 슈(ㄷ) 고우 윗 라-쥐
더 큰 사이즈로 있나요?	→ Does it come in a larger size? 더즈 잇 컴 인 어 라-저 사이(ㅈ) → Do you have it in a larger size? 두 유 해 빗 인 어 라-저 사이(ㅈ)

○ 그렇게 끼는 옷은
감당할 수 없어요.

→My body can't handle such tight clothes.

마이 바디 캔(ㅌ) 핸들 서취 타잇 클로우(ㅈ)

tight 꽉 끼는 (≠ baggy 헐렁한)

○ 이 셔츠 다른 색상은
없나요?

→Don't you have this shirt in another color?

도운 츄 해(ㅂ) 디스 셔- 틴 어나더 컬러

○ 이 셔츠는 노출이
너무 심한데요.

→This shirt is too revealing.

디스 셔- 티즈 투- 리비-링

revealing 노출이 있는
* slutty 지나치게 야한/ fancy 화려한

옷 구입 결정

○ 잘 어울려. /
너한테 딱인데.

→This will perfectly suit you.

디스 윌 퍼펙(ㅌ)리 수웃 유

→That looks great on you.

댓 룩(ㅅ) 그레잇 언 유

→That's so you.

댓(ㅊ) 소우- 유

○ 이게 바로 내가
찾던 거야.

→This is just what I'm looking for.

디스 이즈 저슷 왓 아임 루킹 퍼

○ 그걸로 사는 게
좋겠어.

→ You should go with that one.
유 슈(ㄷ) 고우 윗 댓 원

○ 가격이 적당하네요.
그걸로 할게요.

→ The price is reasonable.
I'll take it.
더 프라이 시즈 리-저너블. 아일 테익 잇

reasonable (가격이) 적정한, 너무 비싸지 않은

○ 몇 군데 더 둘러보고
결정하겠어요.

→ I'll look around at a few more
places and then decide.
아일 룩 어라운 댓 어 퓨- 머- 플레이시 샌(ㄷ) 덴 디사이(ㄷ)

○ 다음에요.

→ Perhaps next time.
퍼햅(ㅅ) 넥숫 타임

대형 마트 & 슈퍼마켓

○ 전기 제품 매장은
어디인가요?

→ Where can I find the electric
appliances?
웨어 캔 아이 파인(ㄷ) 디 엘렉츠릭 어플라이언시(ㅅ)

○ 식료품 매장은
지하에 있나요?

→ Is the food stuff in the
basement?
이즈 더 푸웃 스텁 인 더 베이스먼(ㅌ)

○ 카트를 가져오는
것이 좋겠네요.

➡I think we had better go and get
a shopping cart.
아이 씽(ㅋ) 위 햇 베더 고우 앤(ㄷ) 겟 어 샤핑 카-(ㅌ)

had better (~하는 것이) 좋을 것이다

○ 낱개 판매도
하나요?

➡Can you break up the set?
캔 유 브레익 업 더 셋

○ 시식해도 되나요?

➡Can I taste it?
캔 아이 테이숫 잇

○ 죄송합니다만,
지금은 재고가
없군요.

➡I'm sorry, it's out of stock right
now.
아임 서-리, 잇 차웃 어(ㅂ) 스탁 라잇 나우
out of stock (일시적으로) 재고가 떨어진, 품절이 되어
(= sold out)

○ 죄송하지만,
그 물건은 취급하지
않습니다.

➡I'm sorry, but we are out of it.
아임 서-리, 벗 위 아- 아웃 어 빗

○ 죄송하지만, 지금
문 닫을 시간인데요.

➡I'm sorry, but we're closing now.
아임 서-리, 벗 위어 클로우징 나우

○ 영업시간이 어떻게
되나요?

➡What are the store's hours?
왓 아- 더 스터-(ㅅ) 아워(ㅅ)

➡What time do you close?
왓 타임 두 유 클로우(ㅈ)

○ 계산대는
어디 있어요?

→ **Where is the check-out counter?**
웨어 이즈 더 첵아웃 카운터

○ 봉투에
넣어 드릴까요?

→ **Do you need a plastic bag?**
두 유 니잇 어 플래스틱 백

○ 수표로 계산하려면
신분증 확인이
필요합니다.

→ **We need your identification card
if you are using a check.**
위 니잇 유어 아이덴티피케이션 카-(ㄷ) 이 퓨 아- 유징 어 첵

identification card 신분증

○ 서명해 주시겠어요?

→ **Can I get your signature here?**
캔 아이 겟 유어 시그니처 히어

→ **I need your signature here.**
아이 니잇 유어 시그니처 히어

○ 제 차까지 짐을
운반해 주실 수
있으세요?

→ **Would you please give me a
hand to bring this to my car?**
우 쥬 플리-(ㅈ) 기(ㅂ) 미 어 핸(ㄷ) 투 브링 디스 투 마이 카-

할인 기간

○ 지금 세일 중입니까? → **Are you currently having a sale?**
아- 유 커렌(ㅌ)리 해빙 어 세일

○ 여름 세일 중입니다. → **The summer sales are on now.**
더 서머 세일 사- 언 나우

○ 겨울 세일은 일주일 → **The winter sale will go on for**
동안 계속됩니다. **a week.**
더 윈터 세일 윌 고우 언 퍼 어 위익

○ 봄 세일은 → **The spring sale starts this Friday.**
이번 주 금요일부터 더 스프링 세일 스타-(ㅊ) 디스 프라이데이
시작됩니다.

○ 연말 세일은 → **The year-end sale from**
12월 20일부터 **December 20 to 31.**
31일까지입니다. 디 이어 엔(ㄷ) 세일 프럼 디셈버 트웬티쓰 투 써-티퍼-슷
year-end sale 연말 세일
* going-out-of-business sale 폐점 세일

○ 지금은 특별 세일 → **This is the special season for**
기간입니다. **bargain sale.**
디스 이즈 더 스페셜 시-즌 퍼 바-건 세일

162

○ 재고정리 세일
중입니다.

→We are having a clearance sale.
위 아- 해빙 어 클리어런(ㅅ) 세일

clearance sale 재고정리 세일
(= stocking sale, rummage sale)

○ 세일은 언제인가요?

→When is it going to be on sale?
웬 이즈 잇 고잉 투 비- 언 세일

on sale 세일 중인
* at a discount 할인하여/ sale up to 70% 최고 70% 세일

○ 세일은 언제
끝나나요?

→When does the sale end?
웬 더즈 더 세일 엔(ㄷ)

○ 세일 기간은
얼마나 되나요?

→How long is the sale?
하우 러엉 이즈 더 세일

→How long will this shop have
a sale?
하우 러엉 윌 디스 샵 해 버 세일

○ 세일은 어제
끝났습니다.

→The sale ended yesterday.
더 세일 엔딧 예스터데이

○ 이 물건은 언제 다시
세일하나요?

→Do you know when this item
will go on sale again?
두 유 노우 웬 디스 아이듬 윌 고우 언 세일 어겐

○ 세일 가격은
5월 31일까지
유효합니다.

➡ **Sale prices are good through May 31.**
세일 프라이시 자- 굿 쓰루- 메이 써-티퍼-슷

○ 세일 때 산 물건은
교환이나 환불이
안 됩니다.

➡ **We're not allowed to make exchanges or give refunds for items bought on sale.**
위어 낫 얼라웃 투 메익 익스체인쥐 서 기(ㅂ) 리펀(ㅈ) 퍼
아이듬(ㅅ) 보웃 언 세일

할인 품목 & 비율

○ 전 제품을 20%
할인하고 있습니다.

➡ **Everything's 20% off.**
에브리씽(ㅈ) 트웬티 퍼센(ㅌ) 어-(ㅍ)

○ 오늘 25% 할인
행사가 있어요.

➡ **There's a 25% off sale today.**
데어 서 트웬티파이(ㅂ) 퍼센(ㅌ) 어-(ㅍ) 세일 터데이

○ 정가는
100달러지만
세일해서
80달러예요.

➡ **It's regularly priced at $100 but it's on sale for $80.**
잇(ㅊ) 레귤러리 프라이스 탯 원 헌드레(ㄷ) 달러(ㅈ) 벗
잇(ㅊ) 언 세일 퍼 에이티 달러(ㅈ)

regularly 정기적으로, 규칙적으로

○ 티셔츠가 세일 중입니다. 3벌을 구입하시면 1벌을 무료로 드립니다.

→ T-shirts are on sale today. Buy 3 shirts and get the 4th free.
티 셔- 차- 언 세일 터데이. 바이 쓰리- 셔- 챈(ㄷ) 겟 더 퍼-쓰 프리-

○ 어떤 품목들을 세일하고 있나요?

→ Which items are on sale?
위취 아이듬 사- 언 세일

item 물품, 항목

○ 이 컴퓨터는 세일 중인가요?

→ Is this computer on sale?
이즈 디스 컴퓨-터 언 세일

○ 그것은 할인 제품이 아닙니다.

→ It's not on sale.
잇(ㅊ) 낫 언 세일

→ It's not a discount item.
잇(ㅊ) 낫 어 디스타운 아이듬

할인 구입 조건

○ 그 가게는 세일 기간에만 가요.

➔ I go to the store only when they are having a sale.

아이 고우 투 더 스터- 오운리 웬 데이 아- 해빙 어 세일

○ 난 세일 때까지 기다릴래.

➔ I think I'll wait until it's on sale.

아이 씽(ㅋ) 아일 웨잇 언틸 잇 천 세일

○ 리바이스가 엄청 세일 중인데. 거의 반값이야.

➔ There is a huge sale on Levi's. They're like half off.

데어 이즈 어 휴-(ㅈ) 세일 언 리바이(ㅅ). 데어 라익 하(ㅍ) 어-(ㅍ)

○ 이 모자는 세일해서 겨우 10달러였어.

➔ This hat was only 10 dollars on sale.

디스 햇 워즈 오운리 텐 달러 전 세일

○ 세일 기간 중에는 좋은 물건을 찾기 힘들어.

➔ You can't really find quality goods on sale.

유 캔 리얼리 파인(ㄷ) 쿠얼리티 굿 전 세일

quality 질, 품질, 고급

○ 품질이 최고예요.

➔ Quality speaks for itself.

쿠얼리티 스피익(ㅅ) 퍼 잇셀(ㅍ)

할부 구매

○ 할부로 구입이
가능한가요?

➤ Can I buy it on an installment
plan?
캔 아이 바이 잇 언 언 인스털먼(ㅌ) 플랜

➤ Can I pay in installments?
캔 아이 페이 인 인스털먼(ㅊ)

➤ Can I make monthly payments
with this purchase?
캔 아이 메익 먼쓰리 페이먼(ㅊ) 윗 디스 퍼-췌(ㅅ)

➤ Do you have an installment plan?
두 유 해 번 인스털먼(ㅌ) 플랜

installment plan 할부 구입

○ 할부로 차를
구입하고 싶은데요.

➤ I want to buy a car on easy terms.
아이 원(ㅌ) 투 바이 어 카- 언 이-지 터엄(ㅅ)

○ 할부로
구입하시겠어요?

➤ Do you want to buy this on
easy terms?
두 유 원 투 바이 디스 언 이-지 터엄(ㅅ)

○ 일시불입니까
할부입니까?

➤ Would you like to pay in full,
or in installments?
우 쥬 라익 투 페이 인 풀, 어 인 인스털먼(ㅊ)

○ 할부로 하면 이자를
내야 합니까?

➜ Do I have to pay interest to pay
in installments?

두 아이 해(ㅂ) 투 페이 인터레슷 투 페이 인 인스털먼(츠)

interest 이자, 관심, 흥미, 호기심

○ 일시불로 할게요.

➜ I'd like to pay in full.

아이(ㄷ) 라익 투 페이 인 풀

○ 몇 개월 할부로
하시겠어요?

➜ How many installments would
you like to make?

하우 메니 인스털먼(츠) 우 쥬 라익 투 메익

○ 6개월 할부로
해 주세요.

➜ I'd like to make that in six
month payments.

아이(ㄷ) 라익 투 메익 댓 인 식(ㅅ) 먼쓰 페이먼(츠)

○ 무이자 할부
제도에 대해
설명해 드릴까요?

➜ May I show you our no-interest
financing plan?

메이 아이 쇼우 유 아워 노우 인터레슷 파이낸싱 플랜

○ 계약금으로
50%를 내시면,
잔금을 할부로
해 드리겠습니다.

➜ If you put 50% today, we'll sell it
in installments.

이(ㅍ) 유 풋 핍티 퍼센(ㅌ) 터데이, 위일 셀 잇 인 인스털먼(츠)

계산하기

○ 전부 얼마입니까?

→ **How much in all?**
하우 머취 인 어얼

→ **How much are those altogether?**
하우 머취 아- 도우즈 어얼터게더

→ **How much does it come to all together?**
하우 머취 더즈 잇 컴 투 어얼 터게더

○ 총액은 35달러입니다.

→ **The total comes to 35 dollars.**
더 토우틀 컴(ㅅ) 투 써-티파이(ㅂ) 달러(ㅈ)

→ **That comes to 35 dollars all together.**
댓 컴(ㅅ) 투 써-티파이(ㅂ) 달러(ㅈ) 어얼 터게더

○ 어떻게 지불하실 건가요?

→ **How will you be paying for it?**
하우 윌 유 비- 페잉 퍼 잇

→ **How would you like to pay?**
하우 우 쥬 라익 투 페이

○ 현금과 신용카드 중 어떻게 계산하시겠어요?

→ **Will you pay in cash or by credit card?**
윌 유 페이 인 캐쉬 어 바이 크레딧 카-(ㄷ)

credit card 신용카드

○ 현금으로 하겠어요.　→I'd like to pay in cash.
　　　　　　　　　　　아이(ㄷ) 라익 투 페이 인 캐쉬

○ 카드로 해 주세요.　→By credit card, please.
　　　　　　　　　　바이 크레딧 카-(ㄷ), 플리-(ㅈ)

○ 신용카드도 되나요?　→Can I pay with credit cards?
　　　　　　　　　　　캔 아이 페이 윗 크레딧 카-(ㅈ)
　　　　　　　　　→Will you take credit cards?
　　　　　　　　　　월 유 테익 크레딧 카-(ㅈ)

○ 20달러짜리인데　→Do you have change for
　잔돈 있으세요?　　a twenty-dollar bill?
　　　　　　　　　　두 유 해(ㅂ) 체인쥐 퍼 어 트웬티 달러 빌

change 잔돈, 거스름돈

○ 여기　→Here is your change.
　거스름돈입니다.　　히어 이즈 유어 체인쥐

○ 거스름돈이　→The change is a little short.
　모자라는데요.　　더 체인쥐 이즈 어 리들 셔-(ㅌ)
　　　　　　　　→I got short-changed.
　　　　　　　　　아이 갓 셔-(ㅌ) 체인쥐(ㄷ)

short-change 거스름돈을 덜 주다

○ 여기 영수증이요.　→Here is your receipt.
　　　　　　　　　　히어 이즈 유어 리시잇

○ 영수증 좀
주시겠어요?

➡ Can I have a receipt, please?
캔 아이 해 버 리시잇, 플리-(ㅈ)

➡ Let me have a receipt, please.
렛 미 해 버 리시잇, 플리-(ㅈ)

배송

○ 집까지 배송해
주시겠어요?

➡ Could you deliver them to my house?
쿠 쥬 딜리버 뎀 투 마이 하우(ㅅ)

deliver 배달하다

○ 배송료는 어떻게
계산하나요?

➡ How are delivery charges calculated?
하우 아- 딜리버리 차-쥐(ㅅ) 캘큘레이팃·

delivery charge 배송료

○ 이 상품의 가격에는
배송료가 포함되어
있지 않습니다.

➡ The price does not include the delivery charge.
더 프라이(ㅅ) 더즈 낫 인클루(ㄷ) 더 딜리버리 차-쥐

○ 배송료는 따로
청구하나요?

➡ Do you charge extra for delivery?
두 유 차-쥐 엑스츠라 퍼 딜리버리

○ 언제 배송되나요?

➡ When will it be delivered?
웬 윌 잇 비- 딜리버(ㄷ)

○ 구입 다음 날까지
배송됩니다.

→We can deliver overnight.

위 캔 딜리버 오우버나잇

overnight 익일 배달의

환불 & 반품

○ 이것 환불해
주시겠어요?

→May I get a refund on this,
please?

메이 아이 겟 어 리펀 던 디스, 플리-(ㅈ)

→I'd like to get a refund for this.

아이(ㄷ) 라익 투 겟 어 리펀(ㄷ) 퍼 디스

→I demand a refund on this.

아이 디맨 더 리펀 던 디스

refund 환불

○ 환불 규정이 어떻게
되나요?

→What are the rules on getting
a refund?

왓 아- 더 루울 선 게딩 어 리펀(ㄷ)

○ 반품 가능 기간은
언제까지인가요?

→When should I return this by?

웬 슈 다이 리터언 디스 바이

return 반품

○ 구입일로부터
2주 이내입니다.

→Within 2 weeks from the day
you bought it.

위딘 투- 위익(ㅅ) 프럼 더 데이 유 보웃 잇

○ 영수증이 없으면
반품할 수 없습니다.

→ You can't return without
the receipt.
유 캔(ㅌ) 리터언 위다웃 더 리시잇

→ We can't take this back without
the receipt.
위 캔(ㅌ) 테익 디스 백 위다웃 더 리시잇

take something back ~을 반품하다

○ 환불 및 반품 불가.

→ No refund, no return.
노우 리펀(ㄷ), 노우 리터언

병원 예약 & 수속

○ 접수 창구는
어디입니까?

➡ **Where is the reception desk, please?**
웨어 이즈 더 리셉션 데슥, 플리-(ㅈ)

○ 진찰 예약을 하고
싶습니다.

➡ **I'd like to make an appointment to see the doctor.**
아이(ㄷ) 라익 투 메익 언 어퍼인먼(ㅌ) 투 시- 더 닥터

　　　　　　　see the doctor 의사의 진찰을 받다, 병원에 가다

○ 저희 병원은
처음이신가요?

➡ **Have you ever visited here before?**
해 뷰 에버 비지팃 히어 비퍼-

○ 오늘이 처음입니다.

➡ **Today is my first visit.**
터데이 이즈 마잇 퍼-숫 비짓

○ 1시에 스미스
선생님께 진료
예약을 했는데요.

➡ **I have an appointment to see Dr. Smith at 1 o'clock.**
아이 해 번 어포인먼(ㅌ) 투 시- 닥터 스미쓰 앳 원 어클락

○ 건강 검진을 받고
싶은데요.

➡ **I'd like to get a physical exam.**
아이(ㄷ) 라익 투 겟 어 피지컬 익잼

174

○ 진료 시간이 어떻게
   됩니까?
→ **What are your office hours?**
   왓 아- 유어 어-피(ㅅ) 아워(ㅅ)

○ 왕진도 가능한가요?
→ **Do you make house calls?**
   두 유 메익 하우(ㅅ) 커얼(ㅅ)

house call 왕진, 가정방문

진찰실

○ 어디가
   안 좋으신가요?
→ **What seems to be the trouble?**
   왓 시임(ㅈ) 투 비- 더 츠러블
→ **What's the matter with you?**
   왓(ㅊ) 더 매더 윗 유
→ **What's wrong with you?**
   왓(ㅊ) 러엉 윗 유
→ **Is something wrong with you?**
   이즈 섬씽 러엉 윗 유
→ **What can I do for you?**
   왓 캔 아이 두 퍼 유

○ 증상이 어떻습니까?
→ **What are your symptoms?**
   왓 아- 유어 심텀(ㅅ)

symptom 증상

전에 병을 앓은 적이 있으신가요?	→ Have you ever suffered from disease before?
	해 뷰 에버 서퍼(ㄷ) 프럼 디지(ㅈ) 비퍼-

suffer from ~로 고통 받다

체온을 재겠습니다.	→ Let's take your temperature.
	렛(ㅊ) 테익 유어 템퍼러쳐
	→ Let's see if you have a temperature.
	렛(ㅊ) 시- 이(ㅍ) 유 해 버 템퍼러쳐

진찰하도록 옷을 벗어 주세요.	→ Please remove your shirt so I can listen to your chest.
	플리-(ㅈ) 리무- 뷰어 셔-(ㅊ) 소우- 아이 캔 리슨 투 유어 체슷

숨을 깊이 들이쉬세요.	→ Take a deep breath.
	테익 어 디입 브레쓰

외과

다리가 부었어요.	→ I have a swollen foot.
	아이 해 버 스월른 풋

176

○ 교통사고로 다리가
부러졌어요.

➡ I broke my leg in the car
accident.
아이 브로욱 마이 렉 인 더 카- 액시던(트)

○ 넘어져서 무릎이
까졌어요.

➡ I fell down and got my knees
skinned.
아이 펠 다운 앤(드) 갓 마이 니-(ㅅ) 스킨(드)

➡ I fell down and scraped my
knees.
아이 펠 다운 앤(드) 스크랩(트) 마이 니-(ㅅ)

skinned 가죽을 벗긴

○ 허리가 아파요.

➡ I have a backache.
아이 해 버 백에익

➡ My back hurts.
마이 백 허-(ㅊ)

○ 등이 아파요.

➡ My back aches.
마이 백 에익(ㅅ)

➡ I've got a pain in my back.
아이(ㅂ) 갓 어 페인 인 마이 백

○ 발목을 삐었어요.

➡ I sprained my ankle.
아이 스프레인(드) 마이 앵클

➡ I have my ankle sprained.
아이 해(ㅂ) 마이 앵클 스프레인(드)

○ 어깨가 결려요.

➡ My shoulders are stiff.
마이 쇼울더 사- 스티(ㅍ)

내과 - 감기

○ 감기에 걸린 것
  같아요.

→ I seem to have caught a cold.
아이 시임 투 해(ㅂ) 커웃 어 코울(ㄷ)

→ I've got a cold.
아이(ㅂ) 갓 어 코울(ㄷ)

catch a cold 감기에 걸리다/ cold 감기

○ 코가 막혔어요.

→ I have a stuffy nose.
아이 해 버 스터피 노우(ㅈ)

→ My nose is stuffy.
마이 노우(ㅈ) 이즈 스터피

stuffy 코가 막힌

○ 콧물이 나요.

→ I have a runny nose.
아이 해 버 러니 노우(ㅈ)

→ My nose is running.
마이 노우(ㅈ) 이즈 러닝

runny 콧물이 나는

○ 침을 삼킬 때마다
  목이 아파요.

→ My throat hurts when I swallow.
마이 쓰로웃 허-(ㅊ) 웬 아이 스왈로우

○ 기침을 할 때마다
  목이 아파요.

→ I have a burning sensation when
  I cough.
아이 해 버 버-닝 센세이션 웬 아이 커(ㅍ)

cough 기침

내과 - 열

○ 열이 있어요.

➡ I have a fever.
아이 해 버 피-버

➡ I feel feverish.
아이 피일 피-버리쉬

➡ I feel very hot.
아이 피일 베리 핫

fever 열

○ 열이 38도예요.

➡ I have a temperature of 38 degrees.
아이 해 버 템퍼러쳐 어(ㅂ) 써-티에잇 디그리-(ㅅ)

○ 머리가 깨질 듯 아파요.

➡ I have a terrible headache.
아이 해 버 테러블 헷에익

➡ I have splitting headache.
아이 해(ㅂ) 스플리딩 헷에익

○ 현기증이 나요.

➡ I feel languid.
아이 피일 랭구잇

➡ I feel dull.
아이 피일 덜

languid 현기증(= dull)

○ 목이 쉬었어요.

➡ My voice is hoarse.
마이 버이(ㅅ) 이즈 허-(ㅅ)

○ 독감이 유행하고
있어요.

→ **There's a lot of flu going around.**
데어 서 랏 어(ㅂ) 플루- 고우잉 어라운(ㄷ)

내과 - 소화기

○ 배가 아파요.

→ **My stomach is upset.**
마이 스터먹 이즈 업셋

→ **I have a stomachache.**
아이 해 버 스터먹에익

○ 배가 콕콕 쑤시듯
아파요.

→ **I have an acute pain in my stomach.**
아이 해 번 어큐(ㅌ) 페인 인 마이 스터먹

○ 아랫배에 통증이
있어요.

→ **I have a pain in my abdomen.**
아이 해 버 페인 인 마이 앱더먼

abdomen 복부

○ 배탈이 났어요. → I've got the runs.
아이(ㅂ) 갓 더 런(ㅅ)

→ I have a loose stool.
아이 해 버 루-(ㅅ) 스투울

loose stool 묽은 변

○ 구역질이 나요. → I feel like vomiting.
아이 피일 라익 바미딩

→ I suffer from nausea.
아이 서퍼 프럼 너씨아

→ I feel sick.
아이 피일 식

→ I feel queasy.
아이 피일 쿠이지

queasy 메스꺼운

○ 속이 뒤틀려서 죽겠어요. → My stomach kept flipping over on itself.
마이 스터먹 켑(ㅌ) 플리핑 오우버 언 잇셀(ㅍ)

○ 먹으면 바로 토해요. → I throw up when I eat.
아이 쓰로우 업 웬 아이 이잇

○ 속이 거북해요. → My stomach feels heavy.
마이 스터먹 피일(ㅅ) 헤비

○ 신트림이 나요. → I have sour eructation.
아이 해(ㅂ) 사워 이럭테이션

eructation 트림

○ 변비가 있어요. → I'm constipated.
아임 컨스터페이티(드)

→ I'm suffering from constipation.
아임 서퍼링 프럼 컨스터페이션

constipation 변비

○ 요 며칠 동안 변을 못 봤어요. → I've had no bowel movement for a few days.
아이(ㅂ) 햇 노우 바월 무브먼(트) 퍼 어 퓨- 데이(ㅅ)

○ 설사를 합니다. → I have loose bowels.
아이 해(ㅂ) 루-(ㅅ) 바월(ㅅ)

→ I have diarrhea.
아이 해(ㅂ) 다이어리어

○ 어제부터 내내 설사만 했어요. → I've had diarrhea all day long since yesterday.
아이(ㅂ) 햇 다이어리어 어얼 데이 러엉 신(ㅅ) 예스터데이

치과 - 치통

○ 이가 몹시 아파요. → My teeth ache. It really hurts.
마이 티-쓰 에익. 잇 리얼리 허-(ㅊ)

→ I have a severe toothache.
아이 해 버 서비어 투-쓰에익

→ Toothache is killing me now.
투-쓰에익 이즈 킬링 미 나우

severe 심한

○ 이가 쿡쿡 쑤셔요.

➔ I'm suffering from a twinge of toothache.

아임 서퍼링 프럼 어 트윈쥐 어(ㅂ) 투-쓰에익

twinge 쑤시는 듯한 아픔, 동통

○ 치통이 있어요.
이 어금니가 아파요.

➔ I've got a toothache.
This back tooth hurts me.

아이(ㅂ) 갓 어 투-쓰에익. 디스 백 투-쓰 허-(ㅊ) 미

○ 이가 약간 아픕니다.

➔ I have a slight toothache.

아이 해 버 슬라잇 투-쓰에익

slight 약간, 가벼운

○ 먹을 때마다 이가 아파서 아무것도 먹을 수 없습니다.

➔ I have a toothache whenever I eat, I can't eat anything.

아이 해 버 투-쓰에익 웨네버 아이 이잇, 아이 캔(ㅌ) 이잇 애니씽

○ 치통 때문에 음식을 잘 씹을 수 없습니다.

➔ I can't chew my food well because of the toothache.

아이 캔(ㅌ) 츄- 마이 푸웃 웰 비커-(ㅈ) 어(ㅂ) 더 투-쓰에익

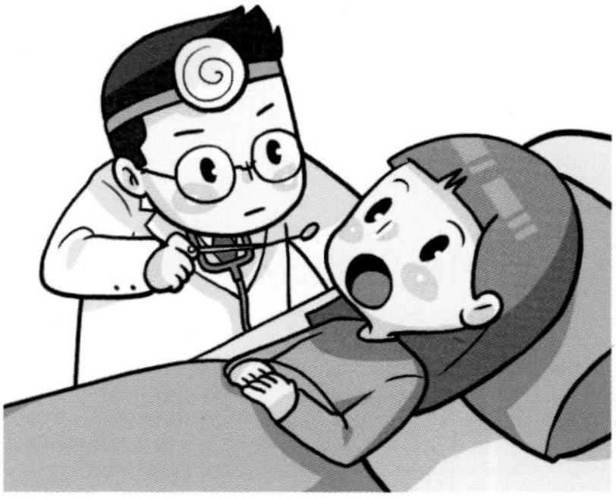

치과 - 발치

○ 이 하나가
흔들거립니다.

→ One of my teeth is loose.
원 어(ㅂ) 마이 티-쓰 이즈 루-(ㅅ)

→ I have a loose tooth.
아이 해 버 루-(ㅅ) 투-쓰

○ 이를 빼야 할 것
같아요.

→ I think I should extract a tooth.
아이 씽(ㅋ) 아이 슈(ㄷ) 익스츠랙 터 투-쓰

→ I should have a tooth pulled out.
아이 슈(ㄷ) 해 버 투-쓰 풀 다웃

extract 뽑다(= pulled out)

○ 사랑니가 났어요.

→ I've cut a wisdom tooth.
아이(ㅂ) 컷 어 위즈덤 투-쓰

○ 사랑니가 삐져
나와서 엄청 아파요.

→ A wisdom tooth was cutting
through and it hurt like hell.
어 위즈덤 투-쓰 워즈 커딩 쓰루- 앤(ㄷ) 잇 허-(ㅊ) 라익 헬

○ 사랑니를 뽑는 게
좋겠어요.

→ You'd better pull out the
wisdom teeth.
유(ㄷ) 베더 풀 아웃 더 위즈덤 티-쓰

○ 사랑니는 아직 뽑지
않는 게 좋겠어요.

→ You'd rather not have your
wisdom tooth extracted yet.
유(ㄷ) 래더 낫 해 뷰어 위즈덤 투-쓰 익스츠랙티(ㄷ) 옛

치과 - 충치

○ 충치가 있는 것
  같습니다.

→ I think I have a cavity.
  아이 씽(ㅋ) 아이 해 버 캐비티

→ I got a decayed tooth.
  아이 갓 어 디케이(ㄷ) 투-쓰

→ I have a tooth decay.
  아이 해 버 투-쓰 디케이

cavity 충치/ decay 썩다, 충치가 되다; 충치

○ 아래쪽 어금니에
  충치가 생겼어요.

→ I developed a cavity in one of
  my lower back teeth.
  아이 디벨롭 터 캐비티 인 원 어(ㅂ) 마이 로워 백 티-쓰

○ 가벼운 충치가 두 개
  있는 것 같군요.

→ It looks like you have two small
  cavities.
  잇 룩(ㅅ) 라익 유 해(ㅂ) 투 스머얼 캐비티(ㅈ)

○ 충치가 엄청 쑤셔요.

→ A decayed tooth aches awfully.
  어 디케잇 투-쓰 에익(ㅅ) 어-펄리

○ 충치를
  때워야겠어요.

→ I need to have my cavity filled in.
  아이 니잇 투 해(ㅂ) 마이 캐비티 필 딘

→ I have to get a filling.
  아이 해(ㅂ) 투 겟 어 필링

치과 - 기타

○ 찬 음식을 먹으면
이가 시려요.

→ My tooth hurts when I drink
something cold.
마이 투-쓰 허-(ㅊ) 웬 아이 드링(ㅋ) 섬씽 코울(ㄷ)

○ 양치질할 때
잇몸에서 피가 나요.

→ When I brush my teeth,
my gums bleed.
웬 아이 브러쉬 마이 티-쓰, 마이 검(ㅅ) 블리잇

gum 잇몸, 고무 / bleed 피가 나다

○ 잇몸이 너무 부어
밤에 잠을 잘 수가
없어요.

→ My gums are so swollen that
I can't sleep at night.
마이 검 사- 소우- 스월른 댓 아이 캔(ㅌ) 슬리입 앳 나잇

○ 축구를 하다가
치아가 부러졌어요.

→ I broke a tooth playing soccer.
아이 브로욱 어 투-쓰 플레잉 사커

○ 치아 세척을 받고
싶은데요.

→ I need to get my teeth cleaned.
아이 니잇 투 겟 마이 티-쓰 클리인(ㄷ)

○ 치아 미백을 받고
싶어요.

→ I want to bleach my teeth.
아이 원 투 블리-취 마이 티-쓰
→ I need to get tooth-whitening.
아이 니잇 투 겟 투-쓰 와잇(ㅌ)닝

bleach 표백하다

○ 치실을 사용하시는
게 좋겠어요.

→ You need to start flossing your teeth.

유 니잇 투 스타-(트) 플러싱 유어 티-쓰

floss 치실(= dental floss)

진료 기타

○ 생리를 건너
뛰었어요.

→ I missed a monthly period.

아이 미스 터 먼쓰리 피-어리엇

(monthly) period 생리, 생리일
(= menstrual period, menstruation)
* period pains, menstrual pains 생리통

○ 꽃가루 알레르기가
있어요.

→ I'm allergic to pollen.

아임 앨러직 투 팔런

pollen 꽃가루

○ 빈혈이 있어요.

→ I suffer from anemia.

아이 서퍼 프럼 애니-미어

○ 코피가 나요.

→ I have a nose bleed.

아이 해 버 노우(ㅈ) 블리잇

→ I have a bloody nose.

아이 해 버 블러디 노우(ㅈ)

○ 고혈압이 있어요.

→ I have high blood pressure.

아이 해(ㅂ) 하이 블러(ㄷ) 프레셔

○ 숙취가 있어요.

→I have a hangover.
아이 해 버 행오우버

○ 식욕이 없습니다.

→I have no appetite.
아이 해(ㅂ) 노우 애피타잇

○ 다리에 쥐가 났어요.

→I've got a charley horse in my leg.
아이(ㅂ) 갓 어 촬리 허-(ㅅ) 인 마이 렉

→I got a cramp in my foot.
아이 갓 어 크램 핀 마이 풋

charley horse 근육 경직, 쥐(= cramp)

○ 온몸에 온통
두드러기가 났어요.

→I've got a strange rash all over
my whole body.
아이(ㅂ) 갓 어 스츠레인쥐 래쉬 어얼 오우버 마이 호울 바디

→A rash broke out over my whole
body.
어 래쉬 브로욱 아웃 오우버 마이 호울 바디

○ 물집이 생겼어요.

→I have blisters.
아이 해(ㅂ) 블리스터(ㅅ)

○ 눈에 뭐가
들어갔어요.

➡ I've got something in my eyes.
아이(ㅂ) 갓 섬씽 인 마이 아이(ㅈ)

➡ I feel there is a foreign object in
my eyes.
아이 피일 데어 이즈 어 퍼-런 업젝 틴 마이 아이(ㅈ)

○ 발가락이 동상에
걸렸어요.

➡ My toes are hurt by cold.
마이 토우 사- 허-(ㅌ) 바이 코울(ㄷ)

○ 입덧인 것 같아요.

➡ It may be morning sickness.
잇 메이 비- 머-닝 식니(ㅅ)

morning sickness
(임신 초기 단계에 흔히 오전에만 나타나는) 입덧

○ 모기에 물렸어요.

➡ I got bitten by mosquitoes.
아이 갓 빗든 바이 머스쿠이토우(ㅅ)

○ 건강했었는데요.

➡ I've been in good health.
아이(ㅂ) 빈 인 굿 헬쓰

○ 온몸에 멍이
들었어요.

➡ I'm black and blue all over.
아임 블랙 앤(ㄷ) 블루- 어얼 오우버

black and blue 검푸르게 된, 멍이 든

입원 & 퇴원

○ 입원 수속을 하려고
하는데요.
→ I've come to be admitted.
아이(ㅂ) 컴 투 비- 엇밋팃

○ 입원해야 합니까?
→ Do I have to enter the hospital?
두 아이 해(ㅂ) 투 엔터 더 하스피틀
→ Should I be hospitalized?
슈 다이 비- 하스피탈라이줏

○ 즉시 입원 수속을
해야 합니다.
→ You should be admitted right
away.
유 슈(ㄷ) 비- 엇밋티(드) 라잇 어웨이

○ 얼마나 입원해야
합니까?
→ How long will I have to be in
hospital?
하우 러엉 윌 아이 해(ㅂ) 투 비- 인 하스피틀

○ 입원에도
의료보험이
적용됩니까?
→ Will my insurance policy cover
hospitalization?
윌 마이 인슈어런(ㅅ) 팔러시 커버 하스피틀리제이션

cover 다루다, 포함시키다, 덮다

○ 가능하면 1인실로
해 주세요.
→ I would like to have a private
room if possible.
아이 우(ㄷ) 라익 투 해 버 프라이빗 루움 이(ㅍ) 파서블

190

수술

○ 그는 위독한 상태입니다.

→ He's seriously ill.
히즈 시리어슬리 일

→ It doesn't look like he will make it.
잇 더즌(ㅌ) 룩 라익 히 윌 메익 잇

○ 이 달을 넘기기 힘들 것 같습니다.

→ I'm afraid he may not see this month out.
아임 어(ㅍ)레잇 히 메이 낫 시- 디스 먼쓰 아웃

○ 수술을 받아야 하나요?

→ Does he need surgery?
더즈 히 니잇 서저리

→ Do you have to operate on him?
두 유 해(ㅂ) 투 아퍼레잇 언 힘

○ 수술 받은 적이 있나요?

→ Have you ever had any operations?
해 뷰 에버 햇 애니 아퍼레이션(ㅅ)

○ 제왕절개 수술을 했습니다.

→ I had a C-section.
아이 햇 어 씨- 섹션

↘ C-section(제왕절개)은 Caesarean section의 준말입니다. 줄리어스 시져(Julius Caesar)가 엄마 배를 가르고 태어났다는 전설에서 이런 이름이 나왔어요.

○ 맹장 수술을 했습니다.

→ I had an appendectomy.
아이 햇 언 애픈덱터미

병원비 & 보험

○ 진찰료는
얼마입니까?

➡ How much will it be for this visit?

하우 머춰 윌 잇 비- 퍼 디스 비짓

○ 건강보험이 있나요?

➡ Do you have health insurance?

두 유 해(ㅂ) 헬쓰 인슈어런(ㅅ)

health insurance 건강보험

○ 저는 건강보험에
가입되어 있어요.

➡ I have health insurance.

아이 해(ㅂ) 헬쓰 인슈어런(ㅅ)

○ 저는 보험에
가입되어 있지
않아요.

➡ I don't have insurance.

아이 도운(ㅌ) 해 빈슈어런(ㅅ)

➡ I'm not covered by any insurance policy.

아임 낫 커버(ㄷ) 바이 애니 인슈어런(ㅅ) 팔러시

○ 모든 비용이 보험
적용이 되나요?

➡ Does my insurance cover all the costs?

더즈 마이 인슈어런(ㅅ) 커버 어얼 더 커-숫(ㅊ)

| 반액만 보험 적용이 됩니다. | ➡️It covers only half of the costs. |
| | 잇 커버(ㅅ) 오운리 하(ㅍ) 어(ㅂ) 더 커-숫(ㅊ) |

| 일부 의약품은 보험 적용이 안 됩니다. | ➡️Some kinds of medicine are not covered by insurance. |
| | 섬 카인 저(ㅂ) 메더신 아- 낫 커버(ㄷ) 바이 인슈어런(ㅅ) |

문병

| 안됐군요. 몸조심하십시오. | ➡️That's bad. Please take good care of yourself. |
| | 댓(ㅊ) 뱃. 플리-(ㅈ) 테익 굿 캐어 어 뷰어셀(ㅍ) |

take care of somebody[something/yourself]
~을 돌보다; ~에 주의하다

빨리 회복되기를 바랍니다.	➡️I hope you will get well soon.
	아이 호웁 유 윌 겟 웰 수운
	➡️I hope you'll be feeling better soon.
	아이 호웁 유일 비- 피-링 베더 수운

건강하십시오.	→ Good luck. 굿 럭
심각한 병이 아니길 바랍니다.	→ I hope it's nothing serious. 아이 호웁 잇(ㅊ) 나씽 시리어(ㅅ)
편찮으시다니 유감입니다.	→ I'm sorry to hear you've been sick. 아임 서-리 투 히어 유(ㅂ) 빈 식
나아지셨다니 다행이네요.	→ I'm glad you're feeling better. 아임 글랫 유어 피-링 베더

처방전

처방전을 써 드리겠습니다.	→ I'll prescribe some medicine. 아일 프리스크라입 섬 메더신 → I'm going to write you a prescription. 아임 고우잉 투 라잇 유 어 프리스크립션

prescribe 처방을 쓰다(= write out a prescription)/
prescription 처방전

○ 사흘 치 약을 처방해 드리겠습니다. → **I'll prescribe some medicine for 3 days.**
아일 프리스크라입 섬 메더신 퍼 쓰리- 데이(ㅈ)

○ 약에 알레르기가 있습니까? → **Are you allergic to any medicine?**
아- 유 앨러직 투 애니 메더신

○ 이 약을 드시면 졸음이 올 겁니다. → **It will make you feel a little drowsy.**
잇 윌 메익 유 피일 어 리들 드라우지

○ 현재 복용하는 약이 있나요? → **Are you taking any medication?**
아- 유 테익킹 애니 메더케이션

○ 이 약에 부작용은 없나요? → **Does this medicine have any side effects?**
더즈 디스 메더신 해 배니 사이(ㄷ) 이펙(ㅊ)
→ **Can I expect any side effects?**
캔 아이 익스펙 테니 사이(ㄷ) 이펙(ㅊ)

side effect 부작용

○ 요즘 복용하는 약이 있나요? → **Are you taking any medicine these days?**
아- 유 테익킹 애니 메더신 디-즈 데이(ㅈ)

these days 요즘

약국 – 복용 방법

○ 이 처방전대로
조제해
주시겠습니까?

→ **Can I get this prescription filled?**
캔 아이 겟 디스 프리스크립션 필(ㄷ)

→ **Would you make up this prescription, please?**
우 쥬 메익 업 디스 프리스크립션, 플리-(ㅈ)

make up [fill] a prescription 처방전대로 조제하다
(= get a prescription filled)

○ 이 약은 어떻게
먹으면 됩니까?

→ **How should I take this medicine?**
하우 슈 다이 테익 디스 메더신

○ 몇 알씩 먹어야
하나요?

→ **How many should I take?**
하우 메니 슈 다이 테익

○ 얼마나 자주 약을
먹어야 하나요?

→ **How often do I have to take the medicine?**
하우 어-픈 두 아이 해(ㅂ) 투 테익 더 메더신

○ 다섯 시간마다
한 알씩 복용하세요.

→ **Take one every 5 hours.**
테익 원 에브리 파이(ㅂ) 아워(ㅅ)

○ 이 약을 하루 한 번 한 알씩 복용하세요.	→ **Take this medicine, one capsule at a time.** 테익 디스 메더신, 원 캡슐 앳 어 타임
○ 1일 3회, 식전에 복용하세요.	→ **Three times a day before meals, please.** 쓰리- 타임 저 데이 비퍼- 미일(ㅅ), 플리-(ㅈ)

약국 – 약 구입

○ 수면제 좀 주세요.	→ **May I have some sleeping pills?** 메이 아이 해(ㅂ) 섬 슬리-핑 필(ㅅ)

sleeping pill 수면제

○ 진통제 있나요?	→ **Is there any pain-killer?** 이즈 데어 애니 페인 킬러

pain-killer 진통제

○ 이 약은 어떻게 먹어야 하나요?	→ **How should I take this medicine?** 하우 슈 다이 테익 디스 메더신
○ 반창고 한 통 주세요.	→ **Give me a roll of adhesive tape.** 기(ㅂ) 미 어 로울 어(ㅂ) 앳히-시(ㅂ) 테입

○ 생리대 있나요? → **Do you carry sanitary napkins here?**
두 유 캐리 새니터리 냅킨(ㅅ) 히어

sanitary napkin 생리대

○ 콘돔 좀 주시겠어요? → **Can I have some rubbers?**
캔 아이 해(ㅂ) 섬 러버(ㅅ)

○ 처방전 없이 약을 살 수 없습니다. → **You can't buy it without the prescription.**
유 캔(ㅌ) 바이 잇 위다웃 더 프리스크립션

Tip. **형태와 약효에 따른 약의 종류**
- powder 가루약
- granule 과립
- tablet 정제
- sugar-coated tablet 당의정
- eye drops 안약
- suppository 좌약
- salve, ointment 연고
- plaster/adhesive tape 반창고
  (주로 상표명인 Band-Aid를 사용함)
- injection 주사

- cold medicine 감기약
- aspirin 아스피린
- pain-killer 진통제
- sleeping pill 수면제
- digestive/digestant 소화제
- laxative 변비약
- disinfectant 소독약
- vulnerary 외상치료제
- binding medicine 지혈제
- antiphlogistic 소염제

은행 계좌

○ 저축 계좌를
개설하고 싶습니다.

➤ I'd like to open a bank account.
아이(ㄷ) 라익 투 오우펀 어 뱅 커카운(ㅌ)

bank account 계좌

○ 어떤 종류의 예금을
원하십니까?

➤ What type of account do you want?
왓 타입 어 버카운(ㅌ) 두 유 원(ㅌ)

○ 저축예금인가요
아니면
당좌예금인가요?

➤ A savings account or a checking account?
어 세이빙 서카운(ㅌ) 어 어 첵킹 어카운(ㅌ)

○ 이자율은 어떻게
됩니까?

➤ What's the interest rate?
왓(ㅊ) 디 인터레슷 레잇

interest rate 이자율

○ 신분증을
보여 주시겠어요?

➤ Will you show me your ID card?
윌 유 쇼우 미 유어 아이디- 카-(ㄷ)

➤ Can I see your photo ID, please?
캔 아이 시- 유어 포우토우 아이디-, 플리-(ㅈ)

photo ID 사진이 있는 신분증

○ 체크카드도
만드시겠습니까?

➤ Would you like to apply for a check card, too?
우 쥬 라익 투 어플라이 퍼 러 첵 카-(ㄷ), 투-

○ 은행 계좌를
해지하고 싶습니다.
→ I'd like to close my bank account.
아이(ㄷ) 라익 투 클로우(ㅈ) 마이 뱅 커카운(ㅌ)

입출금

○ 지금부터 예금과
출금을 하셔도
됩니다.
→ From now on, you can deposit
and withdraw.
프럼 나우 언, 유 캔 디파짓 앤(ㄷ) 윗드러-

○ 오늘 얼마를
예금하시겠습니까?
→ How much do you want to make
for a deposit today?
하우 머취 두 유 원(ㅌ) 투 메익 퍼 러 디파짓 터데이

deposit 예금하다

○ 500달러를
예금하려 합니다.
→ I'd like to make a deposit of
500 dollars.
아이(ㄷ) 라익 투 메익 어 디파짓 어(ㅂ) 파이(ㅂ) 헌드레(ㄷ)
달러(ㅈ)

→ I'd like to put this 500 dollars into
my account.
아이(ㄷ) 라익 투 풋 디스 파이(ㅂ) 헌드레(ㄷ) 달러 진투
마이 어카운(ㅌ)

○ 100달러를
인출하려 합니다.
→ I want to withdraw 100 dollars
from my account.
아이 원(ㅌ) 투 윗드러- 원 헌드레(ㄷ) 달러(ㅈ) 프럼 마이
어카운(ㅌ)

withdraw 인출하다
* withdrawal 인출

○ 얼마를 인출하려고
합니까?

→**How much do you want to withdraw?**
하우 머취 두 유 원(ㅌ) 투 윗드러-

○ 제 계좌의 거래
내역을 확인하고
싶은데요.

→**I'd like to check the precious transactions on my account.**
아이(ㄷ) 라익 투 첵 더 프레셔(ㅅ) 츠랜색션 선 마이
어카운(ㅌ)

transaction 거래 내역

송금

○ 이 계좌로 송금해
주세요.

→**Please transfer the funds to this account.**
플리-(ㅈ) 츠랜스퍼 더 펀(ㅈ) 투 디스 어카운(ㅌ)

○ 국내 송금인가요
해외 송금인가요?

→**Is that a domestic or a foreign remittance?**
이즈 댓 어 더메스틱 어 어 퍼-런 리밋턴(ㅅ)

○ 캐나다로 송금하고
싶습니다.

→**I'd like to make a remittance to Canada.**
아이(ㄷ) 라익 투 메익 어 리밋턴(ㅅ) 투 캐너더

→**I want to do a wire transfer to Canada.**
아이 원(ㅌ) 투 두 어 와이어 츠랜스퍼 투 캐너더

remittance 송금(= wire transfer)

○ 은행 이체 수수료가
있습니까?

➡ Is there a bank fee for
transferring money?

이즈 데어 어 뱅(ㅋ) 피- 퍼 츠랜스퍼링 머니

fee 수수료(= charge)

○ 수수료는
3달러입니다.

➡ There's a 3 dollar charge.

데어 저 쓰리- 달러 차-쥐

ATM 사용

○ 현금 자동지급기는
어디에 있나요?

➡ Where are the ATM machines?

웨어 아- 더 에이티-엠 머쉰(ㅅ)

ATM 현금자동지급기
(= Automated Teller Machine)

○ 개인 수표와 ATM
카드를 사용할 수
있나요?

➡ Can I use personal checks and
an ATM card with it?

캔 아이 유-(ㅈ) 퍼-스널 첵 샌 던 에이티-엠 카-(ㄷ) 윗 잇

check 수표

○ 어떻게 돈을
입금하나요?

➡ How do I make a deposit?

하우 두 아이 메익 어 디파짓

○ 여기에 카드를
넣어 주세요.

➡ Please insert your card here.

플리-(ㅈ) 인서-(ㅌ) 유어 카-(ㄷ) 히어

○ 비밀번호를
  입력하세요.
→ **Please enter your PIN number.**
플리-(ㅈ) 엔터 유어 핀 넘버

PIN 개인증명번호, 비밀번호
(= Personal Identification Number)

○ 계좌 잔고가
  부족합니다.
→ **Your balance is insufficient.**
유어 밸런 시즈 인서피션(ㅌ)

balance 잔액

○ 잔액조회 버튼을
  누르세요.
→ **Please press the account balance key.**
플리-(ㅈ) 프레(ㅅ) 디 어카운(ㅌ) 밸런(ㅅ) 키-

ATM 현금카드

○ 현금 지급기는
  몇 시까지 사용
  가능한가요?
→ **What are the service hours for this cash machine?**
왓 아- 더 서-비(ㅅ) 아워(ㅅ) 퍼 디스 캐쉬 머쉰

cash 현금

○ 현금 자동지급기
  사용에 문제가
  생겼어요.
→ **I'm having some trouble using the ATM.**
아임 해빙 섬 츠러블 유-징 디 에이티-엠

○ 기계가 카드를
먹어버렸어요.

➡ **The ATM ate my card.**
디 에이티-엠 애잇 마이 카-(ㄷ)

➡ **My card got stuck inside the machine.**
마이 카-(ㄷ) 갓 스턱 인사이(ㄷ) 더 머쉰

get stuck 꼼짝 못 하게 되다

○ 현금카드가
손상됐어요.

➡ **My ATM card has been damaged.**
마이 에이티-엠 카-(ㄷ) 해즈 빈 대미쥐(ㄷ)

○ 현금카드를
재발급받고
싶은데요.

➡ **I'd like to have my ATM card reissued.**
아이(ㄷ) 라익 투 해(ㅂ) 마이 에이티-엠 카-(ㄷ) 리이슈웃

신용카드

○ 신용카드를 신청하고
싶은데요.

➡ **I want to apply for a credit card.**
아이 원(ㅌ) 투 어플라이 퍼 어 크레딧 카-(ㄷ)

➡ **I'd like to get a credit card.**
아이(ㄷ) 라익 투 겟 어 크레딧 카-(ㄷ)

○ 카드가 언제
발급되나요?

➡ **When will it be issued?**
웬 윌 잇 비- 이슈-(ㄷ)

○ 사용 한도액이
어떻게 되나요?

→ How much is the limit for this card?

하우 머취 이즈 더 리밋 퍼 디스 카-(ㄷ)

○ 유효 기간은
언제인가요?

→ When is the expiry date of this credit card?

웬 이즈 디 익스파이어리 데잇 어(ㅂ) 디스 크레딧 카-(ㄷ)

expiry date 유효 기간

○ 최근 신용카드
사용 내역을
확인하고 싶은데요.

→ I want to check my latest credit card statement.

아이 원(ㅌ) 투 첵 마이 레이티슷 크레딧 카-(ㄷ) 스테잇먼(ㅌ)

○ 신용카드를
도난당했어요.
해지해 주세요.

→ I had my credit card stolen. Please cancel it.

아이 햇 마이 크레딧 카-(ㄷ) 스토울런. 플리-(ㅈ) 캔설 잇

○ 신용카드를
과용해서 빚을
졌어요.

→ I am in debt from excessive credit card use.

아이 앰 인 뎃 프럼 익세시(ㅂ) 크레딧 카-(ㄷ) 유-(ㅈ)

환전

○ 환전할 수
있습니까?
→ Do you exchange foreign currency?
두 유 익스체인쥐 퍼-런 커-런시
exchange 환전, 환전하다/ foreign currency 외국환
* domestic currency 내국환

○ 원화를 달러로
환전하고 싶습니다.
→ I'd like to exchange Korean won to US dollars.
아이(ㄷ) 라익 투 익스체인쥐 커리-언 원 투 유-에(ㅅ)
달러(ㅈ)

○ 여행자 수표를
달러로 환전하고
싶은데요.
→ I want to change a traveler's check into dollars.
아이 원(ㅌ) 투 체인쥐 어 츠래블러(ㅅ) 첵 인투 달러(ㅈ)

○ 환전한 금액의
10%를 수수료로
받고 있습니다.
→ We get a 10% commission of the exchanged amount.
위 겟 어 텐 퍼센(ㅌ) 커미션 어(ㅂ) 디 익스체인쥐 더마운(ㅌ)

○ 전액 10달러 지폐로
주세요.
→ Please give it to me in 10 dollars bills.
플리-(ㅈ) 기 빗 투 미 인 텐 달러(ㅈ) 빌(ㅅ)

○ 길 건너편에
환전소가 있습니다.
→ There is a change booth across the street.
데어 이즈 어 체인쥐 부-쓰 어크러-(ㅅ) 더 스츠리잇

환율

○ 오늘 환율이
어떻게 됩니까?

→ What's the current exchange
rate?
왓(ㅊ) 더 커렌(ㅌ) 익스체인쥐 레잇

exchange rate 환율

○ 오늘 달러 환율이
어떻게 되나요?

→ What's today's rate for
U.S. dollars?
왓(ㅊ) 터데이(ㅅ) 레잇 퍼 유-에(ㅅ) 달러(ㅈ)

○ 원화를 달러로
바꾸는 환율이
어떻게 되나요?

→ What's the rate for won to
dollars?
왓(ㅊ) 더 레잇 퍼 원 투 달러(ㅈ)

○ 오늘 환율은 1달러에
1,300원입니다.

→ Today's exchange rate is
1,300 won to a dollar.
터데이(ㅅ) 익스체인쥐 레잇 이즈 원 싸우전(ㄷ)
쓰리- 헌드레(ㄷ) 원 투 어 달러

○ 1달러에 1,200원의
환율로 환전했어요.

→ I exchanged money at the rate
of 1,200 won to the U.S. dollar.
아이 익스체인쥐(ㄷ) 머니 앳 더 레잇 어(ㅂ)
트웰(ㅂ) 헌드레(ㄷ) 원 투 디 유-에(ㅅ) 달러

○ 환율은 벽에
게시되어 있습니다.

→ The exchange rates have been
posted on the wall.
디 익스체인쥐 레잇(ㅊ) 해(ㅂ) 빈 포우스팃 언 더 워얼

○ 환율이 최저치로
  떨어졌어요.

→ The exchange rate has fallen to
  its lowest point.

디 익스체인쥐 레잇 해즈 퍼얼런 투 잇(ㅊ) 로우이슷 퍼인(ㅌ)

대출 상담

○ 대출을 받고
  싶습니다.

→ I'd like to take out a loan.

아이(ㄷ) 라익 투 테익 아웃 어 로운

→ I want to apply for a loan.

아이 원(ㅌ) 투 어플라이 퍼 어 로운

→ Could I get a loan?

쿠 다이 겟 어 로운

loan 대출, 융자/ take out [get] a loan 대출 받다/
apply [ask] for a loan 대출을 신청하다

○ 대출에 대해
  상담하고 싶습니다.

→ I'd like to discuss a bank loan.

아이(ㄷ) 라익 투 디스커 서 뱅(ㅋ) 로운

→ I want to talk about applying for
  a loan.

아이 원(ㅌ) 투 터억 어바웃 어플라잉 퍼 어 로운

○ 대출받는 데 필요한
  사항을 알고
  싶습니다.

→ I want to find out what is
  necessary to get a loan.

아이 원(ㅌ) 투 파인 다웃 왓 이즈 네세서리 투 겟 어 로운

○ 제가 대출받을
자격이 되나요?

➔ Would I qualify for the loan?
우 다이 쿠얼리파이 퍼 더 로운

➔ Am I eligible for the loan?
앰 아이 엘리저블 퍼 더 로운

○ 제 대출이
승인되었나요?

➔ Has my loan been approved?
해즈 마이 로운 빈 어프루-붓

대출 이자율

○ 학자금 대출을
받으려고 해요.

➔ I'm going to take out a loan to
pay my tuition.
아임 고우잉 투 테익 아웃 어 로운 투 페이 마이 튜-이션

○ 주택 융자를 받을 수
있을까요?

➔ Can I get a housing loan?
캔 아이 겟 어 하우징 로운

housing loan 주택 대출
* business loan 사업 대출/ student loans 학자금 대출

○ 저는 집을 담보로
대출을 받았어요.

➔ I put my house up as collateral
for the loan.
아이 풋 마이 하우 섭 애(ㅈ) 컬래터럴 퍼 더 로운

➔ I made a loan on my house.
아이 메잇 어 로운 언 마이 하우(ㅅ)

○ 이자율이 　얼마입니까?	➔ **What is the interest rate?** 　왓 이즈 디 인터레슷 레잇 ➔ **Can you give me the interest rate?** 　캔 유 기(ㅂ) 미 디 인터레슷 레잇 ➔ **What kind of interest rate can I get?** 　왓 카인 더(ㅂ) 인터레슷 레잇 캔 아이 겟
○ 그 대출에는 15%의 　이자가 붙습니다.	➔ **The loan carries 15% interest.** 　더 로운 캐리(ㅈ) 핍틴 퍼센(ㅌ) 인터레슷

carry 붙어 있다, 취급하다, 나르다

○ 6부 이자로 대출을 　받았어요.	➔ **I made a loan at 6% interest.** 　아이 메잇 어 로운 앳 식(ㅅ) 퍼센(ㅌ) 인터레슷
○ 대출 한도액이 　어떻게 되나요?	➔ **What's my credit limit?** 　왓(ㅊ) 마이 크레딧 리밋

대출 보증

○ 보증인 없이도 　대출이 가능한가요?	➔ **Can I get a loan as the sole signatory?** 　캔 아이 겟 어 로운 애(ㅈ) 더 소울 식너터-리

○ 담보 없이 은행
대출을 받을 수
없습니다.

→ You can't usually get a bank
loan without collateral.

유 캔(ㅌ) 유-쥬얼리 겟 어 뱅(ㅋ) 로운 위다웃 컬래터럴

collateral 담보

○ 제 보증 좀
서 주시겠어요?

→ Can you guarantee my loan?

캔 유 개런티- 마이 로운

○ 내가 보증을
서 줄게요.

→ I'll cosign your loan.

아일 코우사인 유어 로운

○ 대출받는 데
얼마나 걸릴까요?

→ How long will it take to get
a loan?

하우 러엉 윌 잇 테익 투 겟 어 로운

○ 주택 대출 상환금이
석 달째 연체됐어요.

→ The payments on my house loan
are in arrears by 3 months.

더 페이먼 천 마이 하우(ㅅ) 로운 아- 인 어리어(ㅅ) 바이
쓰리- 먼쓰(ㅈ)

○ 저는 융자금을
이미 갚았어요.

→ I've already repaid the loan.

아이(ㅂ) 어얼레디 리페잇 더 로운

→ I've paid back the loan already.

아이(ㅂ) 페잇 백 더 로운 어얼레디

은행 기타

○ 제 계좌 잔고를 알 수
있을까요?

➔ Can you tell me how much
I have in my account?
캔 유 텔 미 하우 머취 아이 해 빈 마이 어카운(ㅌ)

➔ I would like to know how much
the balance is.
아이 우(ㄷ) 라익 투 노우 하우 머취 더 밸런 시즈

○ 이상한 거래 내역이
있는지 정기적으로
계좌를 확인해야
합니다.

➔ You should check your
account regularly for any odd
transactions.
유 슈(ㄷ) 첵 유어 어카운(ㅌ) 레귤러리 퍼 애니 앗
츠랜색션(ㅅ)

odd 이상한, 특이한

○ 인터넷 뱅킹을
신청하고 싶은데요.

➔ I want to start Internet banking.
아이 원(ㅌ) 투 스타-(ㅌ) 인터-넷 뱅킹

○ 번호표를 뽑고 잠시
기다려 주세요.

➔ Please take a waiting number
ticket out and wait for a while.
플리-(ㅈ) 테익 어 웨이팅 넘버 티킷 아웃 앤(ㄷ) 웨잇 퍼
어 와일

○ 잔돈으로
   교환해 주시겠어요?

→ **Could you break this, please?**
  쿠 쥬 브레익 디스, 플리-(ㅈ)

→ **Can you break this into small money?**
  캔 유 브레익 디스 인투 스머얼 머니

○ 이 수표에
   이서해 주시겠어요?

→ **Could you endorse this check, please?**
  쿠 쥬 인더-(ㅅ) 디스 첵, 플리-(ㅈ)

편지 발송

○ 50센트짜리 우표
   세 장 주세요.

→ **Could I have three 50 cent stamps?**
  쿠 다이 해(ㅂ) 쓰리- 핍티 센(ㅌ) 스탬(ㅅ)

(postage) stamp 우표

○ 이 편지 요금이
   얼마입니까?

→ **How much is the postage for this letter?**
  하우 머취 이즈 더 포우스티쥐 퍼 디스 레더

postage (rate) 우편 요금

○ 보통 우편인가요
   빠른 우편인가요?

→ **By regular mail or express?**
  바이 레귤러 메일 어 익스프레(ㅅ)

regular mail 보통 우편/ express mail 빠른 우편

○ 빠른 우편으로
보내는 비용은
얼마인가요?

→ **How much is it to send this letter by express mail?**
하우 머취 이즈 잇 투 센(ㄷ) 디스 레더 바이 익스프레(ㅅ) 메일

○ 등기 우편으로
보내고 싶은데요.

→ **Please register this letter.**
플리-(ㅈ) 레지스터 디스 레더

→ **Send this letter by registered mail, please.**
센(ㄷ) 디스 레더 바이 레지스터(ㄷ) 메일, 플리-(ㅈ)

registered mail 등기 우편

○ 우편 요금은
착불입니다.

→ **Postage will be paid by the addressee.**
포우스티쥐 윌 비- 페잇 바이 디 애드레시-

소포 발송

○ 소포 무게 좀
달아 주시겠어요?

→ **Would you weigh this parcel?**
우 쥬 웨이 디스 파-설

○ 이 소포를
포장해 주세요.

→ **Please wrap this parcel in package paper.**
플리-(ㅈ) 렙 디스 파-설 인 팩키쥐 페이퍼

소포의 내용물은 무엇입니까?	**What does your parcel contain?**
	왓 더즈 유어 파-설 컨테인
	What is contained in it?
	왓 이즈 컨테인 딘 잇

| 조심해 주세요! 깨지기 쉬운 물건입니다. | **Please be careful! This parcel is fragile.** |
| | 플리-(ㅈ) 비- 케어펄! 디스 파-설 이즈 프래절 |

| 만일을 대비해 소포를 보험에 가입해 주세요. | **Please insure this parcel just in case.** |
| | 플리-(ㅈ).인슈어 디스 파-설 저슷 인 케이(ㅅ) |

just in case 만약을 위해서

도착하려면 얼마나 걸리나요?	**How long does it take to reach there?**
	하우 러엉 더즈 잇 테익 투 리-취 데어
	When will my parcel get there?
	웬 윌 마이 파-설 겟 데어

이틀 후에 도착할 겁니다.	**It takes 2 days to reach there.**
	잇 테익(ㅅ) 투- 데이(ㅈ) 투 리-취 데어
	It'll get there 2 days later.
	잇일 겟 데어 투- 데이(ㅈ) 레이터

216

Unit 5 미용실

MP3. C3_U05

미용실 상담

○ 헤어스타일을 새롭게 바꾸고 싶어요.

→ I need a new hair style.
아이 니잇 어 누- 헤어 스타일

→ I'd like to go for a new hair style.
아이(ㄷ) 라익 투 고우 퍼 러 누- 헤어 스타일

○ 어떤 스타일로 해 드릴까요?

→ How would you like your hair?
하우 우 쥬 라익 유어 헤어

→ What will it be today?
왓 윌 잇 비- 터데이

○ 헤어스타일 책을 보여 드릴까요?

→ May I show you a hair style book?
메이 아이 쇼우 유 어 헤어 스타일 북

○ 알아서 어울리게 해 주세요.

→ I'll leave it up to you.
아일 리- 빗 업 투 유

→ Just do whatever is best for me.
저슷 두 왓에버 이즈 베숫 퍼 미

leave 맡기다

○ 이 사진 속의 모델처럼 하고 싶어요.

→ I want to look like the model in this photo.
아이 원(ㅌ) 투 룩 라익 더 마들 인 디스 포우토우

커트

○ 머리를 자르고 싶어요. ➔ I need to get my hair cut.
아이 니잇 투 겟 마이 헤어 컷

get one's hair cut 머리를 자르다

○ 어떻게 잘라 ➔ How do you want it cut?
드릴까요? 하우 두 유 원(ㅌ) 잇 컷

○ 이 정도 길이로 ➔ Leave them this long, please.
해 주세요. 리-(ㅂ) 뎀 디스 러엉, 플리-(ㅈ)
➔ Make them this long, please.
메익 뎀 디스 러엉, 플리-(ㅈ)

○ 어깨에 오는 길이로 ➔ Can you cut it shoulder length?
잘라 주시겠어요? 캔 유 컷 잇 쇼울더 렝쓰

○ 머리를 짧게 ➔ I'd like to have my hair cut short.
자르고 싶어요. 아이(ㄷ) 라익 투 해(ㅂ) 마이 헤어 컷 셔-(ㅌ)
➔ I want it short.
아이 원(ㅌ) 잇 셔-(ㅌ)

○ 머리끝 약간만 ➔ Please take a few inches off the
잘라 주세요. ends.
플리-(ㅈ) 테익 어 퓨- 인취 서-(ㅍ) 디 엔(ㅈ)

○ 끝만 살짝
　다듬어 주시겠어요?

➔ Could you just trim the end?
쿠 쥬 저슷 츠림 디 엔(ㄷ)

➔ I just want a trim, please.
아이 저슷 원(ㅌ) 어 츠림, 플리-(ㅈ)

➔ Just a trim, please.
저슷 어 츠림, 플리-(ㅈ)

○ 스포츠형으로 짧게
　잘라 주세요.

➔ I want a crew cut.
아이 원(ㅌ) 어 크루- 컷

crew cut 크루커트(아주 짧게 깎은 머리 모양,
스포츠형 머리 모양, 군대식 머리 모양)

○ 단발머리를
　하고 싶어요.

➔ I'd like to wear bobbed hair.
아이(ㄷ) 라익 투 웨어 밥(ㄷ) 헤어

➔ Please cut my hair in a bob-type
style.
플리-(ㅈ) 컷 마이 헤어 인 어 밥 타입 스타일

○ 앞머리도
　잘라 주세요.

➔ I'd like to have bangs, too.
아이(ㄷ) 라익 투 해(ㅂ) 뱅(ㅅ), 투-

○ 앞머리는
　그대로 두세요.

➔ I'd like to keep my bangs.
아이(ㄷ) 라익 투 키입 마이 뱅(ㅅ)

➔ Please don't cut the bangs.
플리-(ㅈ) 도운(ㅌ) 컷 더 뱅(ㅅ)

cut the bangs 앞머리를 자르다

○ 머리숱을 좀 쳐 주세요.

➧ I want my hair thinned out.
아이 원(ㅌ) 마이 헤어 씬 다웃

thin out 머리숱을 치다

○ 머리에 층을 내 주세요.

➧ I want my hair layered.
아이 원(ㅌ) 마이 헤어 레이어(ㄷ)

○ 너무 짧게 자르지 마세요.

➧ Don't cut it too short.
도운(ㅌ) 컷 잇 투- 셔-(ㅌ)

➧ Not too short, please.
낫 투- 셔-(ㅌ), 플리-(ㅈ)

파마

○ 파마해 주세요.

➧ I want to get a perm.
아이 원(ㅌ) 투 겟 어 퍼엄

➧ I'd like a perm, please.
아이(ㄷ) 라익 어 퍼엄, 플리-(ㅈ)

➧ I'd like to curl my hair.
아이(ㄷ) 라익 투 커얼 마이 헤어

↘ perm은 permanent hairstyle의 줄임말입니다.

○ 어떤 파마를 원하세요?

➧ What kind of perm do you want?
왓 카인 더(ㅂ) 퍼엄 두 유 원(ㅌ)

○ 스트레이트 파마로
해 주세요.

➜ I want to get rid of my curls.
아이 원(트) 투 겟 릿 어(브) 마이 커얼(ㅅ)

get rid of 제거하다, 끝내다

○ 웨이브 파마로
해 주세요.

➜ I want my hair waved.
아이 원(트) 마이 헤어 웨이붓

○ 부드러운 웨이브로
해 주세요.

➜ I want a soft perm.
아이 원 터 소풋 퍼엄

○ 너무 곱슬거리게
말지는 마세요.

➜ Don't curl my hair too much,
please.
도운(트) 커얼 마이 헤어 투- 머취, 플리-(ㅈ)

○ 파마가 잘 나왔네요.

➜ Your perm came out nicely.
유어 퍼엄 케임 아웃 나이슬리

Tip. **금발 머리**
인형 머리 같은 금발의 그녀들은 오히려 우리나라 사람들의
검은 머리를 예쁘다고 생각합니다. 그래서 일부러 검은색이나
짙은 갈색으로 염색하기도 한답니다.
금발 머리는 blonde hair, fair hair, golden hair 등의 단어를
씁니다. 참고로 검은 머리는 black hair라고 하지 않는다는 것!
brunette이라고 한답니다. 빨강 머리는 carrottop이라는
속어가 있는데, 애칭으로도 쓰이는 말입니다.

염색

○ 머리를 염색해
주세요.

→ I'd like to have my hair dyed, please.
아이(ㄷ) 라익 투 해(ㅂ) 마이 헤어 다잇, 플리-(ㅈ)

→ I'd like to get my hair dyed.
아이(ㄷ) 라익 투 겟 마이 헤어 다잇

→ I want to have my hair colored.
아이 원(ㅌ) 투 해(ㅂ) 마이 헤어 컬러(ㄷ)

○ 어떤 색으로
하시겠어요?

→ What color do you want your hair dyed?
왓 컬러 두 유 원(ㅌ) 유어 헤어 다잇

○ 갈색으로 염색해
주실래요?

→ Can you color my hair brown?
캔 유 컬러 마이 헤어 브라운

→ I want to dye my hair brown.
아이 원(ㅌ) 투 다이 마이 헤어 브라운

○ 금발로 하고 싶어요.

→ Can you make me a blonde?
캔 유 메익 미 어 블란(ㄷ)

○ 밝은색으로
염색하면
어려 보일 거예요.

→ Highlighting makes you look younger.
하이라잇팅 메익 슈 룩 영거

highlight 부분 염색한 부분, 강조하다

222

○ 탈색하는 건 좀
싫은데요.

➔ I'm afraid of bleaching my hair.
아임 어(ㅍ)레잇 어(ㅂ) 블리칭 마이 헤어

○ 우리 엄마 머리가
온통 흰머리예요.

➔ My mom has a full head of gray
hair.
마이 맘 해즈 어 풀 헷 어(ㅂ) 그레이 헤어

네일

○ 손톱 손질을 받고
싶은데요.

➔ I want to have my nails done.
아이 원(ㅌ) 투 해(ㅂ) 마이 네일(ㅅ) 던

○ 매니큐어는
어떤 색이 있나요?

➔ What colors of nail polish do you
have?
왓 컬러 서(ㅂ) 네일 팔리쉬 두 유 해(ㅂ)

nail polish 매니큐어

○ 이 색은 마음에
안 들어요.

➔ I do like this color on me.
아이 두 라익 디스 컬러 언 미

○ 손톱을
다듬어 주세요.

➔ I want my nails trimmed.
아이 원(ㅌ) 마이 네일(ㅅ) 츠림(ㄷ)

➔ Can you file my nails down?
캔 유 파일 마이 네일(ㅅ) 다운

○ 저는 손톱이 잘 부러지는 편이에요.

➡ **My nails are easily broken.**
마이 네일 사- 이-질리 브로우큰

○ 발톱 손질도 해 드릴까요?

➡ **Do you want your toenails polished, too?**
두 유 원(ㅌ) 유어 토우네일(ㅅ) 팔리쉬(ㅌ), 투-

미용실 기타

○ 저는 머리숱이 무척 많아요.

➡ **My hair is very thick.**
마이 헤어 이즈 베리 씩

○ 저는 가르마를 왼쪽으로 타요.

➡ **I part my hair to the left.**
아이 파-(ㅌ) 마이 헤어 투 더 레픗

○ 평소에는 머리를 묶고 다니는 편이에요.

➡ **I usually wear my hair up.**
아이 유-주얼리 웨어 마이 헤어 업

○ 그냥 드라이만 해 주세요.

➡ **Just blow-dry my hair, please.**
저슷 블로우 드라이 마이 헤어, 플리-(ㅈ)

blow-dry (머리를) 드라이하다

○ 면도해 주세요. ➔ I'd like to get a shave.
아이(ㄷ) 라익 투 겟 어 쉐이(ㅂ)

○ 머리결이
손상됐네요. ➔ Your hair has been damaged
severely.
유어 헤어 해즈 빈 대미쥐(ㄷ) 시비어리

○ 머리카락 끝이 다
갈라졌어요. ➔ I have so many split ends.
아이 해(ㅂ) 소우- 메니 스플릿 엔(ㅈ)

split 쪼개짐, 갈라짐

세탁물 맡기기

○ 이 옷들은 세탁소에
　맡길 거예요.
➔ I'm going to take these clothes to the cleaners.
아임 고우잉 투 테익 디-즈 클로우(ㅈ) 투 더 클리-너(ㅅ)

○ 이 양복을
　세탁소에 좀
　맡겨 주시겠어요?
➔ Can you put this suit in at the laundry?
캔 유 풋 디스 수웃 인 앳 더 러언드리

laundry 세탁물, 세탁소

○ 이 양복을
　세탁해 주세요.
➔ Please clean this suit.
플리-(ㅈ) 클리인 디스 수웃
➔ I want to have this suit washed.
아이 원(ㅌ) 투 해(ㅂ) 디스 수웃 워쉬(ㅌ)

○ 이 바지를 좀
　다려 주세요.
➔ I'd like these pants to be pressed.
아이(ㄷ) 라익 디-즈 팬(ㅊ) 투 비- 프레슷

press 다리미질하다(= iron)
* pressing 다리미질(= ironing)

○ 이 코트를
　드라이클리닝 해
　주세요.
➔ Could I get this coat dry cleaned?
쿠 다이 겟 디스 코웃 드라이 클리인(ㄷ)
➔ I need my coat dry-cleaned.
아이 니잇 마이 코웃 드라이 클리인(ㄷ)

○ 다음 주 월요일까지
　세탁해 주세요.
➔ I'll need this suit cleaned by next Monday.
아일 니잇 디스 수웃 클리인(ㄷ) 바이 넥슷 먼데이

세탁물 찾기

○ 언제 찾아갈 수
　있나요?

➜ **When can I get it back?**
　웬 캔 아이 겟 잇 백

➜ **When will it be ready?**
　웬 윌 잇 비- 레디

○ 세탁물을 찾고
　싶은데요.

➜ **I want to pick up my laundry.**
　아이 원(트) 투 픽 업 마이 러언드리

○ 제 세탁물은
　다 됐나요?

➜ **Is my laundry ready?**
　이즈 마이 러언드리 레디

○ 여기 세탁물
　보관증입니다.

➜ **Here's my claim ticket.**
　히어(ㅅ) 마이 클레임 티킷

claim ticket 세탁물 보관증

○ 세탁비는
　얼마인가요?

➜ **What's the charge for cleaning?**
　왓 (ㅊ) 더 차-쥐 퍼 클리-닝

○ 코트 한 벌
　드라이클리닝
　비용은 얼마인가요?

➜ **How much do you charge to
　dry-clean a coat?**
　하우 머취 두 유 차-쥐 투 드라이 클리인 어 코웃

세탁물 확인

○ 제가 맡긴 세탁물이 다 됐는지 확인하려고 전화했습니다.

➜ I'm calling to see if my laundry is ready.
아임 커-링 투 시- 이(ㅍ) 마이 러언드리 이즈 레디

➜ I'd like to check if my laundry is ready.
아이(ㄷ) 라익 투 첵 이(ㅍ) 마이 러언드리 이즈 레디

○ 드라이클리닝 맡긴 게 다 됐다는 메시지를 받았어요. 몇 시까지 하세요?

➜ I got a message that my dry cleaning is ready.
What are your hours?
아이 갓 어 메시쥐 댓 마이 드라이 클리-닝 이즈 레디.
왓 아- 유어 아워(ㅈ)

hours 영업시간, 근무 시간

○ 이거 다림질이 잘 안 된 것 같은데요.

➜ I'm afraid this hasn't been ironed well.
아임 어(ㅍ)레잇 디스 해즌(ㅌ) 빈 아이언(ㄷ) 웰

○ 카펫도 세탁이 가능한가요?

➜ Can you clean carpets, too?
캔 유 클리인 카-핏(ㅊ), 투-

얼룩 제거

○ 얼룩 좀 제거해
주시겠어요?

→ Can you get this stain out?
캔 유 겟 디스 스테인 아웃

stain 얼룩

○ 이 바지의 얼룩 좀
제거해 주시겠어요?

→ Could you take out the stains on
these pants?
쿠 쥬 테익 아웃 더 스테인 선 디-즈 팬(ㅊ)

○ 드레스에 커피를
쏟았어요.

→ I spilled coffee all over my dress.
아이 스필(ㄷ) 커-피 어얼 오우버 마이 드레(ㅅ)

○ 이 얼룩은 빨아서
지워지지 않아요.

→ This stain won't wash out.
디스 스테인 워운(ㅌ) 워쉬 아웃

○ 드라이클리닝을
하면 얼룩을 지울 수
있어요.

→ The dry cleaner can remove the
stain.
더 드라이 클리-너 캔 리무-(ㅂ) 더 스테인

○ 얼룩이 제대로
빠지지 않았어요.

→ You didn't remove this stain.
유 디든(ㅌ) 리무-(ㅂ) 디스 스테인

→ The stain didn't come out.
더 스테인 디든(ㅌ) 컴 아웃

수선

○ 옷 수선도
　잘하시나요?

➤ Do you fix clothes as well?
두 유 픽(ㅅ) 클로우(ㅈ) 애(ㅈ) 웰

fix 수선하다(= mend, repair)

○ 이 코트를 좀
　수선해 주세요.

➤ Could you mend this coat?
쿠 쥬 멘(ㄷ) 디스 코웃

○ 이 바지 길이를 좀
　줄여 주세요.

➤ I'd like to have the pants
　shortened.
아이(ㄷ) 라익 투 해(ㅂ) 더 팬(ㅊ) 셔-튼(ㄷ)

shorten 줄이다

○ 이 바지 길이를 좀
　늘여 주실래요?

➤ Could you lengthen the pants?
쿠 쥬 렝썬 더 팬(ㅊ)

lengthen 늘이다

○ 지퍼가 떨어졌는데
　바꿔 주시겠어요?

➤ This zipper fell off.
　Can you replace it?
디스 집퍼 펠 어-(ㅍ). 캔 유 리플레이 싯

○ 보이지 않게
　수선해 주세요.

➤ Can you repair it not to tell it
　was ripped?
캔 유 리페어 잇 낫 투 텔 잇 워즈 립(ㅌ)

rip 찢다, 찢어지다

○ 죄송하지만 수선은
할 수 없는데요.

→ I'm sorry I can't fix that.
아임 서-리 아이 캔(ㅌ) 픽(ㅅ) 댓

○ 단추를 달아
주시겠어요?

→ Can you put on button?
캔 유 풋 언 벗든

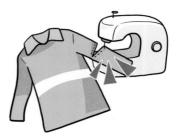

렌터카 – 대여 & 차종

○ 이번 토요일에
　차 한 대 빌리고
　싶습니다.

➡ **Can I rent a car this Saturday?**
캔 아이 렌 터 카– 디스 세터데이

➡ **I'd like to take the car this Saturday.**
아이(ㄷ) 라익 투 테익 더 카– 디스 새터데이

○ 어떤 차를
　원하십니까?

➡ **What kind of car do you want?**
왓 카인 더(ㅂ) 카– 두 유 원(ㅌ)

➡ **Do you care of any particular type?**
두 유 캐어 어 배니 퍼티큘러 타입

○ 밴을 빌리고 싶어요.

➡ **I'd like to rent a van.**
아이(ㄷ) 라익 투 렌 터 밴

○ 소형차를 빌리고
　싶어요.

➡ **I want a compact car.**
아이 원 터 컴팩(ㅌ) 카–

compact car 소형차

○ 오토매틱으로만
운전할 수 있어요.
→ I can drive only an automatic.
아이 캔 드라이(ㅂ) 오운리 언 어-터매틱

○ 어느 정도 운전할
예정입니까?
→ How long will you need it?
하우 러엉 윌 유 니이 딧

○ 5일간 빌리고
싶습니다.
→ I'd like to rent a car for 5 days.
아이(ㄷ) 라익 투 렌 터 카- 퍼 파이(ㅂ) 데이(ㅈ)

○ 가능하면 지금 바로
빌리고 싶습니다.
→ I'd like to pick it up right now
if possible.
아이(ㄷ) 라익 투 픽 잇 업 라잇 나우 이(ㅍ) 파서블

if possible 가능하다면

렌터카 - 요금 & 반납

○ 렌탈 요금은
어떻게 됩니까?
→ What's your rental fee?
왓(ㅊ) 유어 렌틀 피-

○ 하루에
50달러입니다.
→ 50 dollars per day.
핍티 달러 (ㅈ) 퍼 데이

○ 보험을
  가입하시겠어요?

→ Do you want insurance?
  두 유 원(ㅌ) 인슈어런(ㅅ)

○ 종합 보험을
  가입해 주세요.

→ With comprehensive insurance,
  please.
  윗 캄프리헨시(ㅂ) 인슈어런(ㅅ), 플리-(ㅈ)
→ With full coverage, please.
  윗 풀 커버리쥐, 플리-(ㅈ)

comprehensive insurance 종합 보험(= full coverage)

○ 어디로 반납해야
  하나요?

→ Where should I leave the car?
  웨어 슈 다이 리-(ㅂ) 더 카-

○ 전국 지점 어느
  곳으로나 반납이
  가능합니다.

→ You can return the car to any
  branch all over the country.
  유 캔 리터언 더 카- 투 애니 브랜취 어얼 오우버 더 컨츠리

주유소

○ 이 근처에 주유소가
  있나요?

→ Is there a gas station around
  here?
  이즈 데어 어 개(ㅅ) 스테이션 어라운(ㄷ) 히어

○ 주유소에 들러요.
→ Let's pull up to that gas station.
렛(ㅊ) 풀 업 투 댓 개(ㅅ) 스테이션

○ 가장 가까운
주유소가 어디에
있나요?
→ Can you direct me to the
nearest gas station?
캔 유 디렉(ㅌ) 미 투 더 니어리숫 개(ㅅ) 스테이션

○ 기름은 충분해?
→ Do you have enough gas?
두 유 해(ㅂ) 이넢 개(ㅅ)

○ 기름이 떨어져
가는데.
→ We're running low on gas.
위어 러닝 로우 언 개(ㅅ)

○ 기름이 다 떨어졌어.
주유소가 어디에
있지?
→ I'm all out of gasoline.
Where's the gas station?
아임 어얼 아웃 어(ㅂ) 개솔린. 웨어즈 더 개(ㅅ) 스테이션

gasoline 휘발유

○ 다음 주유소에서
차를 멈춥시다.
→ Pull over at the next gas station.
풀 오우버 앳 더 넥숫 개(ㅅ) 스테이션

○ 저 주유소에
잠시 들렀다 가자,
기름 좀 넣어야 해.
→ Let's stop at the gas station,
I need some gas.
렛(ㅊ) 스탑 앳 더 개(ㅅ) 스테이션, 아이 니잇 섬 개(ㅅ)

○ 그는 주유소에서 차에 기름을 넣고 있어요.	➔He is putting some oil into the car at the gas station. 히 이즈 푸딩 섬 어일 인투 더 카- 앳 더 개(ㅅ) 스테이션
○ 기름 가득 채워 주세요.	➔Top it up. 탑 잇 업 ➔Fill it up, please. 필 잇 업, 플리-(ㅈ) ➔Fill her up. 필 허 업
○ 무연 휘발유로 가득 넣어 주세요.	➔Fill it up with unleaded, please. 필 잇 업 윗 언레이딧, 플리-(ㅈ) unleaded (gasoline) 무연 휘발유 (= lead-free gasoline) * light oil 경유/ kerosene 등유
○ 20달러어치 넣어 주세요.	➔Fill her up to 20 dollars. 필 허 업 투 트웬티 달러(ㅈ)

세차 & 정비

○ 세차해 주세요.	➔Wash it down, please. 워쉬 잇 다운, 플리-(ㅈ) ➔Would you give the car a wash? 우 쥬 기(ㅂ) 더 카- 어 워쉬

○ 세차하고 왁스를
발라 주세요.
→ **Could you wash and wax the car?**
쿠 쥬 워쉬 앤(ㄷ) 왝(ㅅ) 더 카-

○ 세차 비용은
얼마인가요?
→ **How much is it to wash the car?**
하우 머취 이즈 잇 투 워쉬 더 카-

○ 배터리가 떨어졌어요.
좀 봐 주시겠어요?
→ **The battery is dead.
Could you see it?**
더 배더리 이즈 뎃. 쿠 쥬 시- 잇

○ 배터리 좀
봐 주시겠어요?
→ **Would you check the battery?**
우 쥬 첵 더 배더리

○ 제 차
충전해 주세요.
→ **I need to fill up my car.**
아이 니잇 투 필 업 마이 카-

fill up 가득 채우다

○ 타이어 좀
점검해 주시겠어요?
→ **Would you check my tires?**
우 쥬 첵 마이 타이어(ㅅ)

○ 엔진오일 좀
봐 주세요.
→ **Check the oil, please.**
첵 디 어일, 플리-(ㅈ)

영화관

○ 기분 전환하러
영화 보러 가자.

➡ Let's go to a movie for a change.
렛(ㅊ) 고우 투 어 무-비 퍼 어 체인쥐

for a change 기분 전환으로, 여느 때와 달리, 가끔

○ 좋은 좌석을 맡기
위해 일찍 영화관에
갈 거야.

➡ I'm going to the theater early so
that I may get a good seat.
아임 고우잉 투 더 씨-어터 어-리 소우- 댓 아이 메이 겟 어
굿 시잇

○ 영화관 앞에서
6시 30분에 만나요.

➡ I'll meet you in front of the
theater at 6:30.
아일 미잇 유 인 프런 터(ㅂ) 더 씨-어터 앳 식(ㅅ) 써-티

○ 이건 극장으로
들어가는 줄이에요.

➡ This is the line to get into the
theater.
디스 이즈 더 라인 투 겟 인투 더 씨-어터

○ 우리는 선착순으로
영화관에 입장했다.

➡ We entered the cinema on a
first-come first-served bases.
위 엔터(ㄷ) 더 시너머 언 어 퍼-숫 컴 퍼-숫 서-브(ㄷ)
베이시(ㅈ)

○ 영화관에 너무 늦게
도착해서 영화를
처음부터 못 봤어요.

➡ I got to the movie too late to see
it from the beginning.
아이 갓 투 더 무-비 투- 레잇 투 시- 잇 프럼 더 비기닝

238

○ 영화관이
초만원이라서
답답했다.

➔ The theater was overcrowded
and stuffy.
더 씨-어터 워즈 오우버크라우디 댄(ㄷ) 스터피

stuffy 답답한

○ 가장 가까운
영화관이
어디에 있습니까?

➔ Where is the nearest movie
theater?
웨어 이즈 더 니어리숫 무-비 씨-어터

○ 어느 영화관으로
갈 거예요?

➔ Which theater are you going to?
위취 씨-어터 아- 유 고잉 투

○ 그 영화는
C 영화관에서
상영하고 있어요.

➔ It's showing at the C theater.
잇(ㅊ) 쇼윙 앳 더 씨- 씨-어터

○ 실례지만, 이 자리
누가 맡았나요?

➔ Excuse me, is this seat taken?
익스큐(ㅈ) 미, 이즈 디스 시잇 테이큰

➔ Is this seat occupied?
이즈 디스 시잇 어큐파잇

➔ Is this seat free?
이즈 디스 싯 프리-

➔ Is someone sitting here?
이즈 섬원 시딩 히어

○ 비었어요.

➔ It's free.
잇(ㅊ) 프리-

○ 자리 있는데요. → **It's saved.**
잇(ㅊ) 세이브(ㄷ)

영화표

○ 아직 그 영화표
구입이 가능한가요? → **Are tickets for the movie still available?**
아- 티킷(ㅊ) 퍼 더 무-비 스틸 어베일러블

○ 그는 영화표를
사려고 줄을 서서
기다렸다. → **He waited in line to buy a theater ticket.**
히 웨이티 딘 라인 투 바이 어 씨-어터 티킷

wait in line 줄을 서서 기다리다

○ 7시 영화표 두 장
주세요. → **Two tickets for the 7 o'clock show, please.**
투- 티킷(ㅊ) 퍼 더 세븐 어클락 쇼우, 플리-(ㅈ)

→ **I'd like to buy two tickets for the 7 o'clock, please.**
아이(ㄷ) 라익 투 바이 투- 티킷(ㅊ) 퍼 더 세븐 어클락, 플리-(ㅈ)

→ **Can I buy two tickets for the 7 o'clock?**
캔 아이 바이 투- 티킷(ㅊ) 퍼 더 세븐 어클락

○ 7시 표가 남았나요? ➡ **Do you have any tickets left for the 7 o'clock?**
두 유 해 배니 티킷(ㅊ) 레픗 퍼 더 세븐 어클락

○ 영화표 샀니? ➡ **Did you get our tickets?**
디 쥬 겟 아워 티킷(ㅊ)

○ 죄송하지만, 매진입니다. ➡ **Sorry, all sold out.**
서-리, 어얼 소울 다웃

➡ **Sorry, that show is sold out.**
서-리, 댓 쇼우 이즈 소울 다웃

sold out 표가 매진된, 다 팔린

○ 주말 영화표를 예매할 걸 그랬나? ➡ **Should we have made a theater booking for the weekend?**
슈 뒤 해(ㅂ) 메잇 어 씨-어터 북킹 퍼 더 위-켄(ㄷ)

영화관에서의 에티켓

○ 영화관에서는 음식을 먹을 수 없습니다. ➡ **Food is not allowed in the theater.**
푸웃 이즈 낫 얼라웃 인 더 씨-어터

○ 영화 시작 전에 휴대 전화를 꺼 두세요. ➡ **Turn your cell phone off before the movie starts.**
터언 유어 셀 포운 어-(ㅍ) 비퍼- 더 무-비 스타-(ㅊ)

○ 앞 좌석의 의자를
  발로 차지 마세요.

→ **Don't kick the front seat.**
  도운(ㅌ) 킥 더 프런(ㅌ) 시잇

○ 상영 중 촬영은
  금물입니다.

→ **Don't take any photo while the movie is showing.**
  도운(ㅌ) 테익 애니 포우토우 와일 더 무-비 이즈 쇼윙

○ 앞 사람 때문에
  화면이 잘 안 보여요.

→ **The man sitting in front of me is blocking the view.**
  더 맨 시딩 인 프런 터(ㅂ) 미 이즈 블락킹 더 뷰-

○ 옆 사람한테 조용히
  해 달라고 말 좀 해.

→ **Tell the person next to you to be quiet.**
  텔 더 퍼-슨 넥슷 투 유 투 비- 쿠아이엇

○ 옆으로 좀
  옮겨 주실래요?

→ **Would you scoot over, please?**
  우 쥬 스쿠웃 오우버, 플리-(ㅈ)

scoot over 자리를 좁혀 앉다

242

기타 공연

○ 그 연극은 지금
국립극장에서
공연 중이에요.

→ The play is now being presented
at the National Theater.

더 플레이 이즈 나우 비-잉 프리즌티 댓 더 내셔늘 씨-어터

○ 입장권은 14번가
극장 매표소에서
구입할 수 있어요.

→ Tickets are available at the 14th
Street theater box office.

티킷 차- 어베일러블 앳 더 퍼-틴쓰 스츠리잇 씨-어터
박스 어-피(ㅅ)

○ 이 극장에서 자선
공연이 있을 것이다.

→ There will be a charity
performance in this
amphitheater.

데어 윌 비- 어 채러티 퍼퍼-먼(ㅅ) 인 디스 앰퍼씨-어터

charity 자비, 자선

○ 저녁에 외식하고
뮤지컬이나 봐요.

→ Let's go out to dinner and then
see a musical.

렛(ㅊ) 고우 아웃 투 디너 앤(ㄷ) 덴 시- 어 뮤-지컬

○ 뮤지컬이 20분 후에
시작해요.

→ The musical starts in 20 minutes.

더 뮤-지컬 스타-(ㅊ) 인 트웬티 미니(ㅊ)

술집

○ 나는 퇴근 후에 종종
술집에 들른다.

➜ **I often visit a bar after work.**
아이 어-펀 비짓 어 바- 애(ㅍ)터 워-(ㅋ)

○ 이 술집은
제 단골집이에요.

➜ **The bar is my hangout.**
더 바- 이즈 마이 행아웃

hangout 집합소

○ 우리 단골 술집에서
한잔할까?

➜ **Shall we prop up the bar?**
샬 위 프랍 업 더 바-

○ 맥주 맛도 기가
막히고 생음악도
있는데.

➜ **They have excellent beer and
live music.**
데이 해 벡설런(ㅌ) 비어 앤(ㄷ) 라이(ㅂ) 뮤-직

○ 이 술집 괜찮은데.

➜ **This is a decent bar.**
디스 이즈 어 디센(ㅌ) 바-

decent 어울리는, 남부럽지 않은

○ 대부분의 술집에는
담배 연기가
자욱하죠.

➜ **Smoke hangs in the air in most
pubs.**
스모욱 행 신 디 에어 인 모우슷 펍(ㅅ)

244

○ 이 술집은
일요일마다 라이브
재즈 공연이 있어요.

→ **The pub has live jazz on Sundays.**
더 펍 해즈 라이(ㅂ) 재(ㅈ) 언 선데이(ㅈ)

술 약속 잡기

○ 저 술집에 가서
맥주 한잔합시다.

→ **Let's get a beer in that bar.**
렛(ㅊ) 겟 어 비어 인 댓 바-

○ 오늘 밤에 술집
갈래요?

→ **How about going to the bar tonight?**
하우 어바웃 고우잉 투 더 바- 터나잇

○ 술집에 가서
술이나 한잔하자.

→ **Let's go to the bar and get a drink.**
렛(ㅊ) 고우 투 더 바- 앤(ㄷ) 겟 처 드링(ㅋ)

get a drink 한잔하다

○ 집에 가는 길에
맥주 한잔하자.

→ **Let's stop for a beer on the way home.**
렛(ㅊ) 스탑 퍼 어 비어 언 더 웨이 호움

○ 일 끝나면 맥주 한잔
살게요.

→ **I'll buy you a beer when we're done.**
아일 바이 유 어 비어 웬 위어 던

○ 맥주 한잔하죠!

➔ **Grab a beer!**
그랩 어 비어

○ 집에 가기 전에
긴장도 풀 겸
맥주나 한잔하자.

➔ **Let's have a beer to unwind before we head home.**
렛(ㅊ) 해 버 비어 투 언와인(ㄷ) 비퍼- 위 헷 호움

unwind (긴장을) 풀다

술 권하기

○ 건배!

➔ **Cheers!**
취어(ㅅ)

➔ **Cheer up!**
취어 럽

➔ **Here's to you!**
히어(ㅅ) 투 유

➔ **Toast!**
토우숫

➔ **Bottoms up!**
바덤 섭

➔ **Down the hatch!**
다운 더 햇취

➔ **Kill it!**
킬 잇

hatch 목구멍

○ 자 맥주를 들어요! → **Get ready to chug your beer!**
겟 레디 투 척 유어 비어

○ 건배할까요? → **May I propose a toast?**
메이 아이 프러포우 저 토우슷
→ **Let's make a toast.**
렛(ㅊ) 메익 어 토우슷

toast 건배

○ 뭘 위해 건배할까요? → **What shall we drink to?**
왓 샬 위 드링(ㅋ) 투

○ 두 분의 결혼을
축하하며 건배! → **Here's to your wedding!**
히어(ㅅ) 투 유어 웨딩
→ **To your wedding!**
투 유어 웨딩

○ 한 잔 더 주세요. → **Give me a refill, please.**
기(ㅂ) 미 어 리-필, 플리-(ㅈ)

○ 한 잔 더 할래? → **Do you want one more shot?**
두 유 원(ㅌ) 원 머- 샷

○ 좀 더 마시자! → **Let's drink some more!**
렛(ㅊ) 드링(ㅋ) 섬 머-

○ 제가 한 잔 따라 드릴까요?

➡ **Could I pour your glass?**
쿠 다이 푸어 유어 글래(ㅅ)

○ 오늘 실컷 마시자고!

➡ **Let's hit the bottle!**
렛(ㅊ) 힛 더 바들

hit the bottle 술을 많이 마시다, 술에 빠지다, 취하다

○ 원샷은 내 전공이지.

➡ **Bottom's up is my middle name.**
바덤 섭 이즈 마이 미들 네임

○ 제가 한 잔 따라 드릴게요.

➡ **Let me pour you a drink.**
렛 미 푸어 유 어 드링(ㅋ)

술 고르기

○ 술은 뭘로 할래요?　→ What's your poison?
　　　　　　　　　　　　왓 츄어 퍼이즌

○ 우선 맥주부터　　　　→ Do you want to have a beer first?
　드실래요?　　　　　　두 유 원(ㅌ) 투 해 버 비어 퍼-슷

○ 맥주를 더 할래요　　→ Would you like another beer or
　아니면 위스키를　　　a shot of whiskey?
　드실래요?　　　　　　우 쥬 라익 어나더 비어 어 어 샷 어(ㅂ) 위스키

○ 다시 생각해 보니,　　→ On second thought, make it
　맥주가 좋겠네요.　　　a beer.
　　　　　　　　　　　　언 세컨(ㄷ) 써엇, 메익 잇 어 비어

　　　　　　　　　　　on second thoughts 다시 생각해 보니

○ 스카치위스키를　　　→ Scotch on the rocks, please.
　얼음에 타 주세요.　　스캇취 언 더 락(ㅅ), 플리-(ㅈ)

○ 위스키에 물을　　　→ Could I have a whisky and water,
　타 줄래요?　　　　　please?
　　　　　　　　　　　쿠 다이 해 버 위스키 앤(ㄷ) 워-터, 플리-(ㅈ)

안주 고르기

○ 안주로는 뭐가
있나요?
→ **What are the cocktail dishes?**
왓 아- 더 칵테일 디쉬(ㅈ)

→ **What is the appetizer?**
왓 이즈 디 애피타이저

○ 술 마시면서 안주를
좀 더 시켜요.
→ **Let's order some more side
dishes while we drink.**
렛(ㅊ) 어-더 섬 머- 사이(ㄷ) 디쉬(ㅈ) 와일 위 드링(ㅋ)
side dish 안주(= accompaniment)
* munchies 스낵

○ 이건 와인과
어울리는 안주예요.
→ **This goes very well with wine.**
디스 고우(ㅈ) 베리 웰 윗 와인

go well with ~와 어울리다

○ 맥주랑 같이
뭘 드실래요?
→ **What would you like to have
with your beers?**
왓 우 쥬 라익 투 해(ㅂ) 윗 유어 비어(ㅅ)

○ 술안주로는
이게 최고죠.
→ **It's a capital accompaniment of
drinks.**
잇 쳐 캐피틀 어컴퍼니먼 터(ㅂ) 드링(ㅋㅅ)

○ 안주로 먹을만한 게
없는데요.
→ **There is nothing good to eat
with our drinks.**
데어 이즈 나씽 굿 투 이잇 윗 아워 드링(ㅋㅅ)

○ 맥주 안주가
　아무것도 없어요. → I have nothing to take with beer.
아이 해(ㅂ) 나씽 투 테익 윗 비어

클럽

○ 클럽에 가서
　춤추는 건 어때요? → Why don't you go dancing
in a club?
와이 도운 츄 고우 댄싱 인 어 클럽

○ 그 클럽은
　몇 시에 열어요? → When does the club open?
웬 더즈 더 클럽 오우펀

○ 그 클럽 입장료가
　얼마야? → How much is it the cover charge
of the club?
하우 머취 이즈 잇 더 커버 차-쥐 어(ㅂ) 더 클럽

○ 요즘 뜨는 클럽이
　어디야? → What club is hip these days?
왓 클럽 이즈 힙 디-즈 데이(ㅈ)

hip 유행에 밝은

○ 오늘 클럽에 가서
　신나게 놀자. → Let's go out on the town
tonight.
렛(ㅊ) 고우 아웃 언 더 타운 터나잇

파티 전

○ 파티 준비는
잘되어 가니?

→ Are the party preparations coming along well?
아- 더 파-티 프레퍼레이션(ㅅ) 커밍 어러엉 웰

○ 그녀는 파티
준비하느라 법석을
떨었다.

→ She had much ado to prepare the party.
쉬 햇 머취 어두- 투 프리페어 더 파-티

ado 야단법석, 소동

○ 우리는 리즈를
위해 깜짝 파티를
계획하고 있어.

→ We are planning a surprise party for Liz.
위 아- 플래닝 어 서프라이(ㅈ) 파-티 퍼 리(ㅈ)

○ 파티에 뭘 입고
갈까?

→ What should I wear to the party?
왓 슈 다이 웨어 투 더 파-티

○ 파티에 제가
가져갈 게 있나요?

→ Should I bring anything to the party?
슈 다이 브링 애니씽 투 더 파-티

○ 파티에 함께 갈
파트너가 없어.

→ I don't have a date for the party.
아이 도운(ㅌ) 해 버 데잇 퍼 더 파-티

○ 어디에서 파티 하지? → **Where should we have the party?**
웨어 슈 뒤 해(ㅂ) 더 파-티

○ 파티 준비하느라 애 많이 썼어. → **You took great pains to put together the party.**
유 툭 그레잇 페인(ㅅ) 투 풋 터게더 더 파-티

○ 파티를 신나게 즐기자! → **Let's get naked for the party!**
렛(ㅊ) 겟 네이킷 퍼 더 파-티

get naked 신나게 즐기다

○ 파티는 우리 집에서 7시에 시작해요. → **It starts at 7 o'clock in my house.**
잇 스타-(ㅊ) 앳 세븐 어클락 인 마이 하우(ㅅ)

○ 파티는 몇 시에 끝나요? → **What time will the party be over?**
왓 타임 윌 더 파-티 비- 오우버

○ 파티에 몇 사람이 오죠? → **How many people are going to be at the party?**
하우 메니 피-플 아- 고우잉 투 비- 앳 더 파-티

○ 아쉽지만 파티에 갈 수 없어요. → **I am sorry to say I can't come to the party.**
아이 앰 서-리 투 세이 아이 캔(ㅌ) 컴 투 더 파-티

○ 우리는 그 파티를
일주일 연기했다.

→ We delayed the party for a week.
위 딜레잇 더 파-티 퍼 어 위익

파티 초대

○ 파티에 올래?

→ Would you like to come to my party?
우 쥬 라익 투 컴 투 마이 파-티

→ Can you make it to the party?
캔 유 메익 잇 투 더 파-티

→ Are you going to come to my party?
아- 유 고우잉 투 컴 투 마이 파-티

○ 나도 파티에 좀
끼워 줘.

→ Count me in for the party.
카운(트) 미 인 퍼 더 파-티

○ 낸시는 날 파티에
초대해 줬어.

→ Nancy asked me to the party.
낸시 애슥(트) 미 투 더 파-티

○ 파티에 초대받지
않았는데 가도
될까요?

→ Mind if I crash your party?
마인(드) 이(프) 아이 크래쉬 유어 파-티

crash (초대받지 않은 모임에) 밀고 들어가다

○ 잭은 파티의 흥을 깨잖아, 그를 초대하기 싫어.

→ **Jack often takes the gloss off of a party, I don't want to invite him.**
잭 어-펀 테익(ㅅ) 더 글라(ㅅ) 어-(ㅍ) 어 버 파-티, 아이 도운(ㅌ) 원(ㅌ) 투 인바잇 힘

takes the gloss off ~의 흥을 깨다

○ 이 파티는 초대장을 받은 사람만 올 수 있어요.

→ **This party is by invitation only.**
디스 파-티 이즈 바이 인비테이션 오운리

파티 후

○ 파티가 끝내줬어.

→ **The party was whipped.**
더 파-티 워즈 휩(ㅌ)

→ **That was quite a party.**
댓 워즈 쿠아잇 어 파-티

○ 정말 최고의 파티였어요.

→ **It was sure a swell party.**
잇 워즈 슈어 어 스웰 파-티

○ 파티는 정말 재미있었어요.

→ **We got a kick out of the party.**
위 갓 어 킥 아웃 어(ㅂ) 더 파-티

○ 파티가 지루해서 나도 따분해 죽겠는데.

→ **The party is boring, and I'm bored to death.**
더 파-티 이즈 버-링, 앤(ㄷ) 아임 버-(ㄷ) 투 데쓰

to death 극도로

○ 파티가 정말
  근사했어.

→ Some party.
  섬 파-티

→ The party was really rad.
  더 파-티 워즈 리얼리 랫

  rad 아주 근사한, 기막힌

○ 파티가 완전
  엉망으로 끝났어.

→ The party was a total disaster.
  더 파-티 워즈 어 토틀 디재스터

○ 파티가
  보잘것없던데.

→ The party was a dull affair.
  더 파-티 워즈 어 덜 어페어

다양한 파티

○ 그녀는 집들이
  파티를 토요일에
  할 거야.

→ Her housewarming party will be
  held on Saturday.
  허 하우스워-밍 파-티 윌 비- 헬(ㄷ) 언 새터데이

○ 내 생일 파티에
  초대할게.

→ I'd like to invite you to my
  birthday party.
  아이(ㄷ) 라익 투 인바잇 유 투 마이 버-쓰데이 파-티

→ Come to my birthday party.
  컴 투 마이 버-쓰데이 파-티

○ 누가 댄스 파티를
주관해?
→ Who is hosting the dance party?
후 이즈 호우스팅 더 댄스 파-티

○ 샘에게 송별 파티를
열어 주는 건
어때요?
→ How about giving Sam
a farewell party?
하우 어바웃 기빙 샘 어 페어웰 파-티

○ 이건 자기가 마실
음료는 본인이 들고
가는 파티라고.
→ The party is BYOB.
더 파-티 이즈 비-와이오우비-

BYOB(= Bring Your Own Bottle) 술은 각자가 지참할 것

○ 결국 졸업생 파티에
오기로 했구나.
→ You decided to come to the
prom after all.
유 디사이딧 투 컴 투 더 프람 애(ㅍ)터 어얼

prom (특히 미국에서 고등학교의) 무도회

○ 오늘 크리스마스
파티에 올 거야?
→ Are you attending the Christmas
party today?
아- 유 어텐딩 더 크리(ㅅ)머(ㅅ) 파-티 터데이

○ 핼러윈 파티에
아이들을 데리고
오세요.
→ Bring your kids to the Halloween
party.
브링 유어 키(ㅈ) 투 더 핼로우이인 파-티

○ LA로 송년 파티
가는 건 어때요?
→ How about going to the New
Year's Eve party in LA?
하우 어바웃 고우잉 투 더 누- 이어(ㅅ) 이-(ㅂ) 파-티 인
엘에이

○ 남자들끼리 총각 파티를 할 거라는데.

➜ **There will be a bachelor's party only for men.**
데어 윌 비- 어 배춰러(ㅅ) 파-티 오운리 퍼 멘
↳ 젊은 독신 여성의 파티는 bachelorette party라고 합니다.

○ 그녀는 날 파자마 파티에 초대했어.

➜ **She invited me to a slumber party.**
쉬 인바이팃 미 투 어 슬럼버 파-티

slumber 잠, 잠을 자다

○ 제니를 위해서 신부 파티를 열어 줄 거야.

➜ **We're throwing a bridal shower for Jenny.**
위어 쓰로우잉 어 브라이들 샤우어 퍼 제니

○ 그녀를 위해 출산 파티를 열어 주자.

➜ **Let's throw a baby shower for her.**
렛(ㅊ) 쓰로우 어 베이비 샤우어 퍼 허

Tip. **다양한 파티**

표현에 나온 것 말고 어떤 파티들이 있는지 알아볼까요. 참고로 파티를 거의 빠지지 않고 가는 '파티광'을 party animal, '파티에서 분위기를 잘 띄우는 사람'을 the life of the party, 반대로 '파티 분위기를 망치는 사람'을 party pooper라고 한답니다.

• barbecue party 바비큐 파티
  집 뒤뜰이나 공원에서 고기를 구워 먹는 파티

• cocktail party 칵테일파티
  공식적인 행사 뒤에 칵테일과 간단한 안줏거리가 준비됨.

• dinner party 저녁 식사 모임

• garden party 가든파티
  뒤뜰이나 정원에서 하는 파티로 다양한 규모로 열림.

• home-coming party 홈커밍 파티
  멀리 떠나 있던 사람이 고향이나 모교를 방문할 때.

• potluck party 포틀럭 파티
  각자 음식을 가져와 나누어 먹는 파티

• Thanksgiving party 추수감사절 파티
  11월 넷째 목요일은 추수감사절로, 칠면조구이를 놓고 한 해 동안의 일에 대해 감사하는 마음을 나눔.

Chapter 4

그녀는 변덕쟁이!

Her mood changes every minute.
하루에도 열두 번씩 변하는 그녀!
어떻게 장단을 맞춰야 할지 난감한 당신에게 필요한 영어 표현입니다.
감정과 성격에 대해 영어로 술술 이야기하다 보면,
변덕쟁이 그녀도 어느새 당신에게 빠져들 거예요.

Words

o **feel** 피일
   n. 감정

o **happy** 해삐
   a. 행복한

o **exciting** 익싸이팅
   a. 흥분시키는, 흥미진진한

o **interesting** 인터레스팅
   a. 흥미 있는, 신나는

o **good** 굿
   a. 착한

o **honest** 아니슷
   a. 정직한

o **gentle** 젠틀
   a. 다정한

o **active** 액티(ㅂ)
   a. 적극적인

262

○sad 샛
  a. 슬픈

○miserable 미저러블
  a. 비참한

○nervous 너-버(ㅅ)
  a. 신경과민의, 초조해하는

○shy 샤이
  a. 부끄럼타는

○nasty 내스티
  a. 심술궂은

○disappointed 디서퍼인팃
  a. 실망한, 낙담한

○horrible 허-러블
  a. 무서운

○bad 뱃
  a. 나쁜, 부도덕한

기쁘다

○ 몹시 기뻐요.　　　→I'm overjoyed.
　　　　　　　　　　아임 오우버줘이(드)

overjoy 기쁨에 넘친

○ 정말 기분이 좋아요!　→How glad I am!
　　　　　　　　　　하우 글랫 아이 앰

○ 기뻐서 펄쩍 뛸 것　　→I'm about ready to jump out my
　같아요.　　　　　　skin.
　　　　　　　　　　아임 어바웃 레디 투 점 파웃 마이 스킨

○ 날듯이 기뻤어요.　　→I jumped for joy.
　　　　　　　　　　아이 점(트) 퍼 줘이
　　　　　　　　　　→I was walking on air now.
　　　　　　　　　　아이 워즈 워킹 언 에어 나우

○ 콧노래라도 부르고　　→I feel like humming.
　싶은 기분이에요.　　아이 피일 라익 허밍

○ 아주 기뻐서 말이　　→I'm so happy, I don't know what
　안 나와요.　　　　to say.
　　　　　　　　　　아임 소우- 해피, 아이 도운(트) 노우 왓 투 세이

○ 내 평생에 가장
   기뻤어요.

➡Nothing could be more
   wonderful in my life.
   나씽 쿠(ㄷ) 비- 머- 원더펄 인 마이 라이(ㅍ)

○ 그거 기쁜 일이네요.

➡That's my pleasure.
   댓(ㅊ) 마이 플레져

○ 그 말을 들으니
   기뻐요.

➡I'm pleased to hear that.
   아임 플리-츳 투 히어 댓

○ 당신을 만나서
   정말 기쁜데.

➡I'm very glad to see you.
   아임 베리 글랫 투 시- 유

○ 당신과 함께해서
   즐거웠어요.

➡I enjoyed having you.
   아이 인조잇 해빙 유

○ 그들은 아주
   들떠 있어요.

➡They are juiced.
   데이 아- 쥬-숫
➡They are hyped.
   데이 아- 하입(ㅌ)
➡They are pumped up.
   데이 아- 펌(ㅍ) 텁

hyped 흥분한, 과장된/ pump 펌프로 퍼 올리다

○ 백만장자가 된
느낌이에요.

→I feel like a million bucks.

아이 피일 라익 어 밀연 벅(ㅅ)

million bucks 백만장자(= millionaire)

○ 네, 기꺼이.

→Yes, I'd love to.

예스, 아이(ㄷ) 러(ㅂ) 투

→Sure, with my pleasure.

슈어, 윗 마이 플레져

행복하다

○ 난 행복해요.

→I'm happy.

아임 해피

○ 더 이상 행복할 수
없어요.

→I couldn't be happier with it.

아이 쿠든(ㅌ) 비- 해피어 윗 잇

○ 내 인생에 이보다
더 행복했던 적은
없었어요.

→I've never been happier in my life.

아이(ㅂ) 네버 빈 해피어 인 마이 라이(ㅍ)

○ 하나님 감사합니다!

→Thank heavens!

쌩(ㅋ) 헤븐(ㅅ)

○ 꿈만 같아요.

→ It's just too good to be true.
잇(ㅊ) 저숫 투- 굿 투 비- 츠루-

○ 꿈이 이루어졌어요!

→ It's a dream come true!
잇 처 드리임 컴 츠루-

○ 대성공이에요!

→ I hit the jackpot!
아이 힛 더 잭팟

○ 당신 때문에
아주 행복해요.

→ I'm very happy for you.
아임 베리 해피 퍼 유

○ 그는 행복에
넘쳐 있어.

→ His cup runs over.
히스 컵 런 소우버

run over (그릇이나 그 안의 내용물이) 넘치다

안심하다

○ 정말 안심했어요!

→ What a relief!
왓 어 릴리잎

→ That's a relief!
댓 처 릴리잎

→ It's a weight off my mind!
잇 처 웨잇 어-(ㅍ) 마이 마인(ㄷ)

→ That's a load off my shoulders!
댓 처 로우 더-(ㅍ) 마이 쇼울더(ㅅ)

○ 그 소식을 들으니
안심이 돼요.

→ I'm relieved to hear the news.
아임 릴리입(ㅌ) 투 히어 더 뉴-(ㅅ)

→ I feel relieved to hear the news.
아이 피일 릴리입(ㅌ) 투 히어 더 뉴-(ㅅ)

→ It's a relief to hear the news.
잇 처 릴리입 투 히어 더 뉴-(ㅅ)

relieve 안도케 하다

○ 마음이 편해요.

→ My mind is at ease.
마이 마인 디즈 앳 이-(ㅈ)

○ 안심해.

→ Be assured.
비- 어슈어(ㄷ)

assure 안심시키다, 확신시키다

○ 너무 안심하지 마.

→ **Don't be too sure of it.**
도운(트) 비- 투- 슈어 어 빗

○ 그 문제는
안심하셔도 돼요.

→ **You can put that matter to rest.**
유 캔 풋 댓 매더 투 레슷

→ **Put your mind at rest on that matter.**
풋 유어 마인 댓 레슷 언 댓 매더

→ **Set your mind at rest about that.**
셋 유어 마인 댓 레슷 어바웃 댓

→ **You may take it easy on that matter.**
유 메이 테익 잇 이-지 언 댓 매더

만족하다

○ 정말 만족스러워요.

→ **I'm completely contented.**
아임 컴플릿리 컨텐팃

content 만족시키다

○ 현재 대만족이에요.

→ **I'm very well as I am.**
아임 베리 웰 애 자이 앰

○ 나는 그것에
　만족해요.

➜ I'm satisfied with it.
　아임 새티스파이(드) 윗 잇

➜ I'm gratified with it
　아임 그래티파잇 윗 잇

➜ I'm happy with it.
　아임 해피 윗 잇

➜ I'm quite pleased with it.
　아임 쿠아잇 플리-줏 윗 잇

➜ It's alright with me.
　잇 처얼라잇 윗 미

gratify 만족시키다, 기쁘게 하다

○ 만족스러운
　결과였어요.

➜ It was a result right enough.
　잇 워즈 어 리절(트) 라잇 이넙

➜ The result was quite satisfactory.
　더 리절(트) 워즈 쿠아잇 새티스팩터리

○ 그는 그 생각에 매우
　만족했어요.

➜ He was highly tickled at the idea.
　히 워즈 하이리 틱클 댓 디 아이디-어

➜ He turned up his thumb to the
　idea.
　히 터언 덥 히스 썸 투 디 아이디-어

➜ He gave his thumbs up to the
　idea.
　히 게이(브) 히스 썸 섭 투 디 아이디-어

tickle 기쁘게 하다, 만족시키다

○ 그는 스스로
　만족하고 있다.

➜ He wills himself into
　contentment.
　히 윌(스) 힘셀 핀투 컨텐먼(트)

재미있다

○ 아주 재미있어요! ➡How exciting!
하우 익사이팅

○ 정말 즐거워요! ➡What a lark!
왓 어 라악

lark 장난, 농담

○ 멋진 생각이에요! ➡That sounds great!
댓 사운(ㅈ) 그레잇

➡That's a wonderful idea!
댓 처 원더펄 아이디-어

➡That would be nice!
댓 우(ㄷ) 비- 나이(ㅅ)

➡Good idea!
굿 아이디-어

○ 즐거운 시간을 ➡I had the time of my life.
보냈어요. 아이 햇 더 타임 어(ㅂ) 마이 라이(ㅍ)

○ 즐거워요. ➡I'm having fun.
아임 해빙 펀

○ 아주 재미있어서
   웃음이 멈추질
   않아요.

→It's so funny that I can't stop
   laughing.
잇(츠) 소우- 퍼니 댓 아이 캔(트) 스탑 래핑

funny 우스운, 웃기는, 재미있는

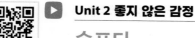

슬프다

○ 슬퍼요.

→ I'm feeling sad.
아임 피-링 샛

→ I feel miserable.
아이 피일 미저러블

→ I'm feeling rather sad.
아임 피-링 래더 샛

rather 꽤, 약간, 상당히

○ 우울해요.

→ I feel blue.
아이 피일 블루-

→ I am in a dark mood.
아이 엠 인 어 다-(ㅋ) 무웃

○ 너무 괴로워요.

→ I'm distressed.
아임 디스츠레슷

○ 마음이 아파요.

→ I'm grieving.
아임 그리-빙

→ I'm heartbroken.
아임 하-(ㅌ)브로우큰

○ 절망적이에요.

→ I feel hopeless.
아이 피일 호웁리(ㅅ)

→ I'm in a no-win situation now.
아임 인 어 노우 윈 시츄에이션 나우

no-win 승산이 없어 보이는

○ 마음이 공허해요.　→I feel empty.
아이 피일 엠티

empty 비어 있는, 빈, 공허한

○ 기분이 좀 그래요.　→I'm in a mood.
아임 인 어 무웃

○ 가슴이 찢어지는 것
같았어요.　→My heart broke.
마이 하-(ㅌ) 브로욱

○ 세상이 끝나는 것
같아요.　→I feel like the world is coming to
an end.
아이 피일 라익 더 워(ㄹ) 디즈 커밍 투 언 엔(ㄷ)

○ 더 이상 아무 희망이
없어요.　→There's just no more hope.
데어(ㅅ) 저슷 노우 머- 호웁

○ 슬퍼서 울음이
나올 것 같아요.　→I'm so sad I could cry.
아임 소우- 샛 아이 쿠(ㄷ) 크라이
→I feel like crying.
아이 피일 라익 크라잉

○ 눈이 빠지도록
울었어요.　→I cried my eyes out.
아이 크라잇 마이 아이 자웃

○ 지금 농담할 기분이 아니에요.

➔I'm not in the mood for jokes.

아임 낫 인 더 무웃 퍼 조욱(ㅅ)

○ 아무것도 하고 싶지 않아요.

➔I don't feel like doing anything.

아이 도운(ㅌ) 피일 라익 두잉 애니씽

○ 정말 상처받았어.

➔It really hurt me.

잇 리얼리 허-(ㅌ) 미

실망하다

○ 실망이야!

➔How very disappointing!

하우 베리 디서퍼인팅

➔What a let down!

왓 어 렛 다운

a let down 실망(스러운 것)

○ 그거 실망인데.

➔That disappointed me.

댓 디서퍼인팃 미

➔That's disappointing.

댓(ㅊ) 디서퍼인팅

○ 네게 실망했어.

➔I'm disappointed in you.

아임 디서퍼인팃 딘 유

➔You really let me down.

유 리얼리 렛 미 다운

○ 모두 허사라니! → **What a waste!**
왓 어 웨이슷

○ 시간 낭비였어. → **It was a waste of time.**
잇 워즈 어 웨이슷 어(ㅂ) 타임

○ 노력이 허사가 되어 버렸어. → **All my efforts were wasted.**
어얼 마이 에퍼 춰- 웨이스팃

○ 그 소식을 듣고 가슴이 철렁 내려앉았다. → **My heart sank when I heard the news.**
마이 하-(ㅌ) 생(ㅋ) 웬 아이 허-(ㄷ) 더 뉴-(ㅅ)

○ 정말 실망스러워! → **What a disappointment!**
왓 어 디서퍼인먼(ㅌ)
→ **What a sell!**
왓 어 셀

sell 실망스러운 것

○ 그거 절망 실망스러운 일인데요. → **That's very disappointed I must say.**
댓(ㅊ) 베리 디서퍼인팃 아이 머슷 세이

○ 나를 실망시키지 마. → **Don't let me down.**
도운(ㅌ) 렛 미 다운

○ 정말 유감입니다.

→ **I'm frightfully sorry.**
아임 프라잇펄리 서-리

→ **I'm more than unhappy about it.**
아임 머- 댄 언해피 어바웃 잇

→ **Sorry to hear that.**
서-리 투 히어 댓

○ 난 이제 망했어.

→ **I'm washed up.**
아임 워쉬 텁

→ **My bolt is shot.**
마이 보울 티즈 샷

화내다

○ 너무 화가 나요.

→ **I'm very annoyed.**
아임 베리 어너잇

→ **I'm pissed off.**
아임 피슷 어-(ㅍ)

piss off ~를 열받게 하다

○ 그 때문에 열받았어.

→ **He ticked me off.**
히 틱(ㅌ) 미 어-(ㅍ)

tick off 꾸짖다

○ 끔찍해!

→ **How awful!**
하우 어-펄

젠장!	➔ Damn it! 댐 잇
정말 불쾌해요.	➔ I'm extremely unhappy about this. 아임 익스츠림리 언해피 어바웃 디스
구역질 나!	➔ That's disgusting! 댓(ㅊ) 디스거스팅
너무 약올라!	➔ How exasperating! 하우 익재스퍼레이팅
화가 나서 등골이 떨릴 정도야.	➔ It gives me the creeps. 잇 기(ㅂㅅ) 미 더 크리입(ㅅ)

creep 섬뜩해지는 느낌

○ 너 때문에 화가 나서
   미치겠어.

→ **You burn me up.**
   유 버언 미 업

→ **You drive me crazy.**
   유 드라이(ㅂ) 미 크레이지

→ **You make me sick.**
   유 메익 미 식

→ **I'm so mad at you.**
   아임 소우- 맷 앳 유

→ **You really make me angry.**
   유 리얼리 메익 미 앵그리

burn up 분통 터지게 만들다, 몹시 열이 나다

○ 닥쳐!

→ **Shut up!**
   셧 업

○ 적당히 해 둬!

→ **Give me a break!**
   기(ㅂ) 미 어 브레익

○ 이제 제발 그만둬!

→ **That's enough of that!**
   댓 치넙 어(ㅂ) 댓

○ 내버려 둬!

→ **Leave me alone!**
   리-(ㅂ) 미 얼로운

○ 네가 알 바 아니잖아.

→ **None of your business.**
넌 어(ㅂ) 유어 비즈니(ㅅ)

→ **Mind your own business.**
마인(ㄷ) 유어 오운 비즈니(ㅅ)

○ 말이 지나치군요.

→ **You are out of line.**
유 아- 아웃 어(ㅂ) 라인

out of line (물리적인 선 또는 행동, 표현이) 선을 넘다

○ 더 이상은 못 참겠어.

→ **Enough is enough.**
이넙 이즈 이넙

→ **I can't stand you.**
아이 캔(ㅌ) 스탠 쥬

→ **I can't take it any more.**
아이 캔(ㅌ) 테익 잇 애니 머-

○ 참는 것도 한도가
있어.

→ **My patience is worn out.**
마이 페이션 시즈 워언 아웃

→ **This is the limit. I'm out of patience with you.**
디스 이즈 더 리밋. 아임 아웃 어(ㅂ) 페이션(ㅅ) 윗 유

○ 어떻게 그렇게
말할 수 있어?

→ **How can you say that?**
하우 캔 유 세이 댓

○ 도대체 뭐 하자는
거야?

➔ **What kind of question is it?**
왓 카인 더(ㅂ) 쿠에스쳔 이즈 잇

○ 넌 네가 뭐라고
생각하는 거야?

➔ **Who do you think you are?**
후 두 유 씽 큐 아-

○ 나를 뭘로 보는
거야?

➔ **What do you take me for?**
왓 두 유 테익 미 퍼

○ 바보 취급하지 마.

➔ **Don't make fun of me.**
도운(ㅌ) 메익 펀 어(ㅂ) 미

밉다

○ 나는 그의 미움을
샀어요.

➔ **I got on his bad side.**
아이 갓 언 히스 뱃 사이(ㄷ)

➔ **He is very down on me.**
히 이즈 베리 다운 언 미

➔ **They are in hatred of us.**
데이 아- 인 헤이츠리 더(ㅂ) 어스

hatred 증오

○ 증오심이
치밀어 올라요.

→ Hatred rises within me.
헤이츠리(ㄷ) 라이(ㅈ) 위딘 미

○ 나는 성범죄를
증오해요.

→ I have sexual crimes in detestation.
아이 해(ㅂ) 섹슈얼 크라임 신 디-테스테이션

detestation 혐오, 증오

○ 그는 증오의 눈으로
나를 보았어요.

→ He looked at me with hatred in his eyes.
히 룩 탯 미 윗 헤이츠리 딘 히스 아이(ㅈ)

○ 그는 주는 것 없이
미워.

→ I have an antipathy against him.
아이 해 번 앤티퍼씨 어게인슷 힘

○ 왜 그렇게 선생님을
미워하니?

→ Why do you have it in for your teacher so badly?
와이 두 유 해 빗 인 퍼 유어 티-춰 소우- 뱃리

○ 죄는 미워하되
사람은 미워하지 마라.

→ Condemn the offense and not its perpetrator.
컨뎀 디 어펜 샌(ㄷ) 낫 잇(ㅊ) 퍼-피츠레이터

억울하다

○ 그건 억울해요.

→ You do me wrong.
유 두 미 러엉

→ I'm innocent of the charge.
아임 이너선 터(ㅂ) 더 차-쥐

○ 나는 억울함에
눈물을 흘렸다.

→ I shed tears in my mortification.
아이 쉣 티어 신 마이 머-터피케이션

mortification 억울, 굴욕

○ 나는 그 소식을 듣고
억울해서 어쩔 줄
몰랐다.

→ I was hotly indignant upon
hearing the news.
아이 워즈 핫리 인딕넌(ㅌ) 어판 히어링 더 뉴-(ㅅ)

indignant 분개한

○ 그는 억울하게
체포됐다.

→ He was arrested on a false
charge.
히 워즈 어레스팃 언 어 펄(ㅅ) 차-쥐

→ He was falsely accused.
히 워즈 펄(ㅅ)리 어큐즛

○ 그는 나에게
억울함을 호소했다.

→ He complained of an injustice to
me.
히 컴플레인 더 번 인저스티(ㅅ) 투 미

○ 억울하면 출세해. ➔ It's good to be the boss.
잇(ㅊ) 굿 투 비- 더 버-(ㅅ)

○ 왜 그렇게 분한 거야? ➔ Why are you so worked up?
와이 아- 유 소우- 워-(ㅋ) 텁

후회하다

○ 후회 막심이에요. ➔ I feel awfully sorry.
아이 피일 어펄리 서-리
➔ I have so many regrets.
아이 해(ㅂ) 소우- 메니 리그렛(ㅊ)

○ 그에게 사과했어야
하는 건데. ➔ I would have apologized to him.
아이 우(ㄷ) 해 버팔러좌이즛 투 힘

○ 내가 왜 그랬는지
후회가 돼요. ➔ I have come to worry over why
I did that.
아이 해(ㅂ) 컴 투 워-리 오우버 와이 아이 디(ㄷ) 댓

○ 난 후회하지 않아. ➔ I don't have any regrets.
아이 도운(ㅌ) 해 배니 리그렛(ㅊ)
➔ I have no regret on that score.
아이 해(ㅂ) 노우 리그렛 언 댓 스커-
on that score 그것에 관한 한

○ 난 후회해 본 적 없어. ➡ I've never regretted about it.
아이(ㅂ) 네버 리그레티 더바웃 잇

○ 나중에 후회하게
될 거야.
➡ Someday you'll be sorry.
섬데이 유일 비- 서-리
➡ Someday you'll regret it.
섬데이 유일 리그렛 잇
➡ You shall repent this.
유 샬 리펜(ㅌ) 디스

repent 후회하다

부끄럽다

○ 제 자신이
부끄럽습니다.
➡ I'm ashamed of myself.
아임 어쉐임 더(ㅂ) 마이셀(ㅍ)

○ 제가 그렇게 해서
창피해요.
➡ I'm ashamed that I did that.
아임 어쉐임(ㄷ) 댓 아이 딧 댓
➡ I feel mean for what I have done.
아이 피일 미인 퍼 왓 아이 해(ㅂ) 던

○ 저는 천성적으로
수줍음을 잘 타요.
➡ I'm very shy by nature.
아임 베리 샤이 바이 네이쳐

○ 그녀는 부끄러움에
얼굴을 붉혔다.

➡ She blushed for shame.
쉬 블러쉬(ㅌ) 퍼 쉐임

➡ She turned red for shame.
쉬 터언(ㄷ) 렛 퍼 쉐임

blush 얼굴을 붉히다

○ 부끄러움에 귀가
화끈거렸다.

➡ My ears burned in
embarrassment.
마이 이어(ㅅ) 버언 딘 임배러스먼(ㅌ)

○ 난 사진 찍히는 게
부끄러워.

➡ I'm camera-shy.
아임 캐머러 샤이

○ 그녀는 수줍어서
낯선 사람과 말을
못 해요.

➡ She is too shy to speak to
strangers.
쉬 이즈 투- 샤이 투 스피익 투 스츠레인저(ㅅ)

걱정하다

○ 무슨 일 있어요?

→ **What's the matter with you?**
왓(ㅊ) 더 매더 윗 유

→ **What's wrong with you?**
왓(ㅊ) 러엉 윗 유

→ **What's the problem?**
왓(ㅊ) 더 프라블럼

→ **Is anything wrong?**
이즈 애니씽 러엉

→ **Is something wrong with you?**
이즈 섬싱 러엉 윗 유

○ 걱정거리가 있어요?

→ **What's bothering you?**
왓(ㅊ) 바더링 유

→ **What's your worry?**
왓(ㅊ) 유어 워-리

→ **Are you in some kind of trouble?**
아- 유 인 섬 카인 더(ㅂ) 츠러블

→ **Do you have something on your mind?**
두 유 해(ㅂ) 섬씽 언 유어 마인(ㄷ)

on one's mind 마음에 걸려, 신경이 쓰여

○ 왜 그렇게
초조해하고 있어?

➜ **What are you fretting over?**
왓 아- 유 프레딩 오우버

fret 애타다, 안달하다

○ 오늘 기분이 안 좋아
보이는데.

➜ **You look under the weather today.**
유 룩 언더 더 웨더 터데이

➜ **You look down today.**
유 룩 다운 터데이

○ 괜찮으세요?

➜ **Are you all right?**
아- 유 어얼 라잇

○ 정말 걱정이 돼요.

➜ **I'm really concerned about it.**
아임 리얼리 컨서언 더바웃 잇

○ 지금 너무 초조해요.

➜ **I'm on the edge right now.**
아임 언 디 엣쥐 라잇 나우

○ 심장이 두근거려.

➜ **My heart is pounding like a drum.**
마이 하- 티즈 파운딩 라익 어 드럼

○ 한숨도 못 잤어.
→ I have not slept a wink.
아이 해(ㅂ) 낫 슬렙 터 윙(ㅋ)

a wink (보통 부정문에서) 순식간, 아주 조금

○ 이제 어떡하지?
→ What shall I do now?
왓 쉘 아이 두 나우

○ 걱정할 거 없어.
→ Don't worry about it.
도운(ㅌ) 워-리 어바웃 잇
→ You have nothing to worry about.
유 해(ㅂ) 나씽 투 워-리 어바웃

○ 다 잘될 거야.
→ Everything will be all right.
에브리씽 윌 비- 어얼 라잇

○ 너무 심각하게 받아들이지 마.
→ Don't take it seriously.
도운(ㅌ) 테익 잇 시리어슬리

○ 빨리 해결되길 바랍니다.
→ I hope you resolve it soon.
아이 호웁 유 리잘 빗 수운

무섭다

○ 무서워요. ➡️I'm scared.
아임 스케어(ㄷ)

○ 무서워 죽는 줄 ➡️I was scared to death.
알았어. 아이 워즈 스케어(ㄷ) 투 데쓰

○ 소름 끼쳐. ➡️It made my skin crawl.
잇 메잇 마이 스킨 크러얼
➡️That gave me the creeps.
댓 게이(ㅂ) 미 더 크립(ㅅ)

○ 그 생각만 하면 ➡️I dread the thought of that.
무서워요. 아이 드렛 더 써엇 어(ㅂ) 댓

dread 몹시 무서워하다

○ 무서워서 아무것도 ➡️I was too scared to do anything.
할 수 없었어. 아이 워즈 투- 스케어(ㄷ) 투 두 애니씽

○ 등골에 땀이 나요. ➡️I have perspiration on my back.
아이 해(ㅂ) 퍼스피레이션 언 마이 백

perspiration 땀

○ 간 떨어질 뻔했어요.　➡ **I almost dropped a load.**
　　　　　　　　　　　　아이 어얼모우슷 드랍 터 로웃

load 걱정, 근심, 부담, 짐

○ 무서워하지 마!　　　➡ **Don't be scared!**
　　　　　　　　　　　　도운(트) 비- 스케어(드)

　　　　　　　　　　➡ **Never fear!**
　　　　　　　　　　　　네버 피어

놀라다

○ 맙소사!　　　　　　➡ **Oh, my God!**
　　　　　　　　　　　　오우, 마이 갓

　　　　　　　　　　➡ **Oh, God!**
　　　　　　　　　　　　오우, 갓

　　　　　　　　　　➡ **Oh, Lord!**
　　　　　　　　　　　　오우, 러엇

　　　　　　　　　　➡ **Oh, dear!**
　　　　　　　　　　　　오우, 디어

　　　　　　　　　　➡ **Oh, my goodness!**
　　　　　　　　　　　　오우, 마이 굿니(스)

　　　　　　　　　　➡ **Goodness me!**
　　　　　　　　　　　　굿니(스) 미

　　　　　　　　　　➡ **Bless my soul!**
　　　　　　　　　　　　블레(스) 마이 소울

　　　　　　　　　　➡ **Mercy me!**
　　　　　　　　　　　　머-시 미

○ 놀라운걸! → **What a surprise!**

왓 어 서프라이(ㅈ)

→ **That's amazing!**

댓 처메이징

○ 굉장해! → **That's awesome!**

댓 처-섬

→ **That's terrific!**

댓(ㅊ) 테러픽

→ **Fantastic!**

팬터스틱

terrific 아주 좋은, 멋진, 훌륭한

○ 믿을 수 없어! → **Incredible!**

인크레더블

→ **I don't believe it!**

아이 도운(ㅌ) 빌리- 빗

○ 말도 안 돼! → **No way!**

노우 웨이

○ 설마! → **Not really!**

낫 리얼리

→ **You don't say so!**

유 도운(ㅌ) 세이 소우-

○ 농담이죠!

➔ **No kidding!**
노우 키딩

➔ **Are you kidding me?**
아- 유 키딩 미

➔ **You're pulling my leg, aren't you?**
유어 풀링 마이 렉, 아안 츄

pull one's leg 놀리다, 농담을 던지다

○ 농담 그만해.

➔ **Stop joking around.**
스탑 조우킹 어라운(ㄷ)

○ 진심이야?

➔ **Are you serious?**
아- 유 시리어(ㅅ)

○ 그럴 리 없어!

➔ **It can't be true!**
잇 캔(ㅌ) 비- 츠루-

➔ **I can't believe it!**
아이 캔(ㅌ) 빌리- 빗

○ 내 눈을 믿을 수가 없어.

➔ **I couldn't believe my eyes.**
아이 쿠든(ㅌ) 빌리-(ㅂ) 마이 아이(ㅈ)

○ 금시초문이야!

➔ **That's news to me!**
댓(ㅊ) 뉴-(ㅅ) 투 미

깜짝 놀랐어.	→ I was frightened.
	아이 워즈 프라이튼(ㄷ)
	→ I was completely surprised.
	아이 워즈 컴플릿리 서프라이즛

그 소식을 듣고 매우 놀랐어요.	→ I was very surprised to hear that.
	아이 워즈 베리 서프라이즛 투 히어 댓
	→ I was shocked to hear the news.
	아이 워즈 샥(ㅌ) 투 히어 더 뉴-(ㅅ)
	→ I was astonished to hear the news.
	아이 워즈 어스타니쉬(ㅌ) 투 히어 더 뉴-(ㅅ)

놀라서 말도 안 나오는데.	→ I'm dumbstruck.
	아임 덤츠럭
	→ I'm speechless.
	아임 스피-취리(ㅅ)

dumbstruck 놀라서 말도 못하는

전혀 예상 밖이야.	→ It was totally unexpected.
	잇 워즈 토들리 언익스펙티(ㄷ)
	→ No one would've guessed.
	노우 원 웃(ㅂ) 게슷

| 생각도 못 했어. | → I'd never have thought it. |
| | 아이(ㄷ) 네버 해(ㅂ) 써엇 잇 |

| 내 귀를 의심했어. | → I could hardly believe my ears. |
| | 아이 쿠(ㄷ) 하들리 빌리-(ㅂ) 마이 이어(ㅅ) |

○ 마른하늘에
날벼락이야!

➔ **That's a bolt out of the blue!**
댓 처 보울 타웃 어(ㅂ) 더 블루-

out of the blue 갑자기, 난데없이

지겹다

○ 정말 지루했어.

➔ **It was so boring.**
잇 워즈 소우- 버-링

○ 지루해서
죽을 뻔했어.

➔ **I'm bored to death.**
아임 버-(ㄷ) 투 데쓰

○ 이젠 질렸어.

➔ **I'm sick and tired of it.**
아임 식 앤(ㄷ) 타이어 더 빗
➔ **I'm fed up with it.**
아임 페 덥 윗 잇

○ 그런 말은 이제
듣기에도 지겨워.

➔ **It's disgusting even to hear.**
잇(ㅊ) 디스거스팅 이븐 투 히어

○ 생각만 해도
지긋지긋해.

➔ **It makes me sick even to think
of it.**
잇 메익(ㅅ) 미 식 이븐 투 씽 커 빗

○ 네 변명은 이제
지긋지긋해.

→ I've had enough of your excuses.
아이(ㅂ) 햇 이넙 어 뷰어 익스큐-지(ㅅ)

→ I've had it with your excuses.
아이(ㅂ) 햇 잇 윗 유어 익스큐-지(ㅅ)

○ 오늘 하루는
지겹게도 길었어.

→ The day went so slowly.
더 데이 웬(ㅌ) 소우- 슬로우리

→ It's been such a long day.
잇(ㅊ) 빈 서춰 어 러엉 데이

○ 더 이상은 하고 싶지
않아.

→ I don't want to do more.
아이 도운(ㅌ) 원(ㅌ) 투 두 머-

귀찮다

○ 정말 귀찮아!

→ What a nuisance!
왓 어 뉴-슨(ㅅ)

→ How annoying!
하우 어너잉

annoy 귀찮게 하다, 짜증 나게 하다

○ 넌 정말 귀찮아.

→ You're very trying.
유어 베리 츠라잉

→ You are bothering me.
유 아- 바더링 미

→ You are bugging me.
유 아- 버깅 미

296

○ 좀 내버려둬.

→ **Don't bother me.**
도운(ㅌ) 바더 미

→ **Leave me alone.**
리-(ㅂ) 미 어로운

→ **Don't put me to trouble.**
도운(ㅌ) 풋 미 투 츠러블

○ 귀찮아 죽을 것 같아.

→ **I'm plagued to death.**
아임 플레익(ㄷ) 투 데쓰

plague 괴롭히다; 전염병

○ 또 시작이야.

→ **Here we go again.**
히어 위 고우 어겐

○ 제발 좀 비켜.

→ **Please buzz off.**
플리-(ㅈ) 버 저-(ㅍ)

○ 전혀 관심 없어.

→ **I'm not interested at all.**
아임 낫 인터레스팃 댓 어얼

→ **I don't want to hear that.**
아이 도운(ㅌ) 원(ㅌ) 투 히어 댓

짜증 나다

○ 정말 짜증 나.

➜ How irritating.
하우 이러테이팅

➜ I'm really pissed off.
아임 리얼리 피스 터-(ㅍ)

➜ I'm a nervous wreck.
아이 어 너-버(ㅅ) 렉

wreck 난파선, 파멸

○ 걔 때문에 너무
짜증 나.

➜ He frustrates me to no end.
히 프러스츠레잇(ㅊ) 미 투 노우 엔(ㄷ)

➜ He really annoyed me.
히 리얼리 어너잇 미

➜ He really ticked me off.
히 리얼리 틱(ㅌ) 미 어-(ㅍ)

tick off 화나게 하다(속어); 확인하다

○ 너 때문에 짜증 나기
시작했어!

➜ You are really starting to get
on my nerves!
유 아- 리얼리 스타-팅 투 겟 언 마이 너-(ㅂㅅ)

○ 너랑 같이 있으면
짜증 나.

➜ I'm peed off with you.
아임 피- 더-(ㅍ) 윗 유

peed off 화난, 짜증 난 (= p'd off)

○ 정말 스트레스 쌓여. → It's really stressful.
잇(ㅊ) 리얼리 스츠레스펄

○ 당장 그만둬! → Stop that right now!
넌 정말 짜증 나. You are getting under my skin.
스탑 댓 라잇 나우! 유 아- 게딩 언더 마이 스킨

○ 별것 아닌 일로 → You are making a federal case
오버하는 거야. about it.
유 아- 메이킹 어 페더럴 케이 서바웃 잇

아쉽다

○ 아쉽네요! → That's too bad!
댓(ㅊ) 투- 뱃

→ What a pity (it is)!
왓 어 피티 (잇 이즈)
pity 연민, 동정(심), 불쌍히 여김

○ 그거 유감이네요. → That's a shame.
댓 처 쉐임

○ 그렇게 노력했는데 → All that for nothing.
허사가 됐구나. 어얼 댓 퍼 나씽

○ 그건 꼭 봤어야
  했는데.
→ I should've seen it.
  아이 슛(ㅂ) 시인 잇

○ 그건 피할 수
  있었을텐데.
→ That could be avoided.
  댓 쿠(ㄷ) 비- 어버이딧

○ 아쉽지만 이만
  가야겠어요.
→ I'm afraid I must leave now.
  아임 어(ㅍ)레잇 아이 머슷 리-(ㅂ) 나우

○ 아쉽게도 그를
  만날 수 없었어요.
→ To my regret, I couldn't meet
  him.
  투 마이 리그렛, 아이 쿠든(ㅌ) 미잇 힘

to my regret 유감스럽게도, 분하게도

긴장하다

○ 좀 긴장되는데.
→ I'm a little nervous right now.
  아임 어 리들 너-버(ㅅ) 라잇 나우

○ 긴장하고 있어요.
→ I'm on the ball.
  아임 언 더 버얼
→ I'm tense.
  아임 텐(ㅅ)
  on the ball 빈틈없는, 일이 어떻게 돌아가는지 훤히 알다

○ 너무 초조해요. → I'm so restless.
아임 소우- 레슷리(ㅅ)

○ 마음이 조마조마해. → I've got butterflies in my stomach.
아이(ㅂ) 갓 버더플라이 진 마이 스터먹

butterflies in one's stomach 걱정하다

○ 안절부절이에요. → I feel like I have ants in my pants.
아이 피일 라익 아이 해 밴 친 마이 팬(ㅊ)

○ 무릎이 덜덜 떨려요. → My knees are shaking.
마이 니 사- 쉐이킹

○ 손이 땀으로 흠뻑 젖었어. → My hands are sweaty.
마이 핸 자- 스웨티

○ 그렇게 긴장하지 마. → Try not to be so nervous.
츠라이 낫 투 비- 소우- 너-버(ㅅ)
→ Calm your nerves.
카암 유어 너-(ㅂㅅ)

불평하다

○ 불평 좀 그만해.

→ Quit your bitching and moaning.
쿠잇 유어 빗췽 앤(ㄷ) 모우잉

→ Keep your complaints to yourself.
키입 유어 컴플레인(ㅊ) 투 유어셀(ㅍ)

→ Stop your bellyaching.
스탑 유어 벨리에이킹

moan 투덜거리다, 불평하다

○ 또 불평이야.

→ You're always complaining.
유어 어얼웨이(ㅈ) 컴플레이닝

○ 그렇게 투덜거리지 마!

→ Never grumble so!
네버 그럼블 소우-

○ 너무 그러지 마.

→ Why don't you give it a rest?
와이 도운 츄 기 빗 어 레슷

give it a rest (짜증스러우니) 그쯤 해 둬

○ 나한테 불만 있어?

→ Do you have something against me?
두 유 해(ㅂ) 섬씽 어게인슷 미

○ 뭐가 그렇게
불만이야?

→ **What are you complaining about?**
왓 아- 유 컴플레이닝 어바웃

→ **What are you so dissatisfied about?**
왓 아- 유 소우- 디재티스파잇 어바웃

○ 우린 아무 불만
없어요.

→ **We have nothing to complain of.**
위 해(ㅂ) 나씽 투 컴플레인 어(ㅂ)

→ **We have got no complaint.**
위 해(ㅂ) 갓 노우 컴플레인(ㅌ)

신경질적이다

○ 그는 신경질적인
기질을 가졌다.

→ **He has a nervous temperament.**
히 해즈 어 너-버(ㅅ) 템퍼러먼(ㅌ)

→ **He is a sharp tempered man.**
히 이즈 어 샤-(ㅍ) 템퍼(ㄷ) 맨

○ 그녀는 다혈질이다.

→ **She's hot headed.**
쉬즈 핫 헤딧

→ **She has quite a personality.**
쉬 해즈 쿠아잇 어 퍼-서낼러티

hot headed 성급한

○ 나는 사소한
일에 때때로 쉽게
흥분해요.

→I'm sometimes getting easily
excited about unimportant
things.

아임 섬타임(ㅅ) 게딩 이-질리 익사이팃 어바웃
언임퍼-턴(ㅌ) 씽(ㅅ)

○ 임신한 여성은
신경이 극도로
예민해져요.

→The pregnant woman becomes
very nervous.

더 프렉넌(ㅌ) 워먼 비컴(ㅈ) 베리 너-버(ㅅ)

→The pregnant woman is highly
strung.

더 프렉넌(ㅌ) 워먼 이즈 하일리 스츠렁

strung 신경질적인

○ 그녀는 아주
신경질적인
사람이에요.

→She is a bag of nerves.

쉬 이즈 어 백 어(ㅂ) 너-(ㅂㅈ)

○ 너는 안절부절
못하고 있잖아.

→You're nervous as a cat on a hot
tin roof.

유어 너-버 새 저 캣 언 어 핫 틴 루웁

낙천적이다

○ 그는 낙천적이에요.

→ **He is optimistic.**
히 이즈 압터미스틱

→ **He is a happy-go-lucky man.**
히 이즈 어 해피-고우-럭키 맨

→ **He is an easygoing person.**
히 이즈 언 이-지고우잉 퍼-슨

→ **He has a placid temperament.**
히 해즈 어 플래싯 템퍼러먼(ㅌ)

optimistic 낙천주의의/
happy-go-lucky 낙천적인, 운명에 내맡기는/
placid 평온한, 자기만족의/ temperament 기질, 성질

○ 저는 매사에
　낙천적입니다.

→ **I'm optimistic about everything.**
아임 압터미스틱 어바웃 에브리씽

○ 그는 낙천적인
　인생 철학을
　가지고 있어요.

→ **He has an optimistic philosophy of life.**
히 해즈 언 압터미스틱 필라서피 어(ㅂ) 라이(ㅍ)

→ **He has a cheerful view of life.**
히 해즈 어 취어풀 뷰 어(ㅂ) 라이(ㅍ)

○ 그는 지나치게
   낙천적이에요.

→ **He is too optimistic.**
   히 이즈 투- 압터미스틱

→ **He paints too rosy a picture of affairs.**
   히 페인(ㅊ) 투- 로우지 어 픽쳐 어 버페어(ㅅ)

→ **He always takes an overly optimistic view of things.**
   히 어얼웨이(ㅈ) 테익 선 오우버리 압터미스틱 뷰- 어(ㅂ) 씽(ㅅ)

○ 그는 근심이 없어요.

→ **He is free from cares.**
   히 이즈 프리- 프럼 케어(ㅅ)

→ **He looks carefree.**
   히 룩(ㅅ) 캐어프리-

free from ~의 염려가 없는

착하다

○ 그는 마음이 착해요.

➡ He is good-natured.
히 이즈 굿-네이쳐(ㄷ)

➡ He is good-tempered.
히 이즈 굿 템퍼(ㄷ)

➡ He is kindhearted.
히 이즈 카인(ㄷ)하-팃

➡ He is tenderhearted.
히 이즈 텐더하-팃

➡ He is warmhearted.
히 이즈 워엄하-팃

➡ He is of good disposition.
히 이즈 어(ㅂ) 굿 디스퍼지션

➡ He has a sweet temper.
히 해즈 어 스위잇 템퍼

tenderhearted 다정한, 다감한/ disposition 성질, 기질

○ 그녀는 인정 많은 사람이에요.

➡ She is a kindhearted woman.
쉬 이즈 어 카인(ㄷ)하-팃 워먼

○ 그는 마음은 착하지만 센스가 부족해요.

➡ He has a good heart but poor sense.
히 해즈 어 굿 하-(ㅌ) 벗 푸어 센(ㅅ)

○ 그는 태도가
거칠지만, 천성은
착해요.

→ He has a rough manner, but
deep down he is quite nice.
히 해즈 어 럽 매너, 벗 디입 다운 히 이즈 쿠아잇 나이(스)

○ 이리 온, 착하지.

→ Come here, that's a good boy.
컴 히어, 댓 처 굿 버이

진취적이다

○ 저는 진취적이고
외향적인
성격이에요.

→ I'm aggressive and outgoing.
아임 어그레시 앤 다웃고우잉

○ 저는 쾌활하고
사교적이에요.

→ I'm a cheerful and outgoing.
아임 어 취어풀 앤(ㄷ) 아웃고우잉

→ I have an outgoing and
gregarious personality.
아이 해 번 아웃고우잉 앤(ㄷ) 그레게리어(스) 퍼-스낼러티

gregarious 사교적인

○ 그는 외향적이에요.

→ He is extroverted.
히 이즈 엑스츠러버-팃

→ He is outgoing.
히 이즈 아웃고우잉

extrovert 외향적인 사람, 사교적인 사람

○ 그는 의욕적이에요. ➡He is ambitious.
히 이즈 앰비셔(ㅅ)

○ 그녀는 매사에 ➡She is very active in everything.
적극적이에요. 쉬 이즈 베리 액티 빈 에브리씽

○ 우리 할머니는 ➡My grandmother is still up and
아직도 혈기 coming.
왕성하시죠. 마이 그랜(ㄷ)마더 이즈 스틸 업 앤(ㄷ) 커밍

○ 그는 지나치게 ➡He is hyperactive.
활동적이야. 히 이즈 하이퍼랙티(ㅂ)

hyperactive 지나치게 활동적인

순진하다

○ 그녀는 정말
순진해요.

➔ She's so naive.
쉬(ㅈ) 소우- 나이(ㅂ)

➔ She's so pure.
쉬(ㅈ) 소우- 퓨어

➔ She's a person with a simple heart.
쉬(ㅈ) 어 퍼-슨 윗 어 심플 하-(ㅌ)

➔ She's as innocent as a lamb.
쉬(ㅈ) 애 지너선 태 저 램

➔ She's a person pure as driven snow.
쉬(ㅈ) 어 퍼-슨 퓨어 애(ㅈ) 드라이븐 스노우

pure as (the) driven snow (도덕적으로) 순수한, 고결한

○ 그를 믿다니 너도
참 순진하구나.

➔ It's so naive of you to believe him.
잇(ㅊ) 소우- 나이(ㅂ) 어 뷰 투 빌리-(ㅂ) 힘

○ 넌 어쩌면 그렇게
순진하니?

➔ Why are you so naive?
와이 아- 유 소우- 나이(ㅂ)

➔ How could you have been so innocent?
하우 쿠 쥬 해(ㅂ) 빈 소우- 이노썬(ㅌ)

310

○ 순진한 척 내숭
  떨지 마.

➡️ **Don't come the young innocent.**
  도운(ㅌ) 컴 더 영 이너선(ㅌ)

○ 사람 다루는 면에
  있어서 그는 너무
  순진해.

➡️ **He is a babe in the woods when**
  it comes to dealing with people.
  히 이즈 어 베입 인 디 우(ㅈ) 웬 잇 컴(ㅅ) 투 디일링 윗 피-플

  babe in the wood 세상 물정 모르는 문외한

내성적이다

○ 전 성격이 좀
  내성적이에요.

➡️ **I'm a kind of introvert.**
  아임 어 카인 더 빈츠러버-(ㅌ)

➡️ **I'm sort of shy.**
  아임 서- 터(ㅂ) 샤이

  introvert 내성적인

○ 전 소극적인
  편입니다.

➡️ **I tend to be withdrawn.**
  아이 텐(ㄷ) 투 비- 윗드러운

➡️ **I'm fairly reserved.**
  아임 페어리 리저-붓

  withdrawn 수줍어하는

○ 그는 감정을
  잘 드러내지 않는
  사람이야.

➡️ **He is an inhibited person.**
  히 이즈 언 인히빗팃 퍼-슨

○ 그녀는 과묵해.

➡️ **She is reserved.**
  쉬 이즈 리저-붓

  reserved 말수가 적은, 수줍은

○ 천성적으로
수줍음을 잘 타요.

➔ I'm shy by nature.
아임 샤이 바이 네이쳐

○ 낯을 가리는
편이에요.

➔ I'm shy with strangers.
아임 샤이 윗 스츠레인저(스)

○ 저는 마음을 여는 데
시간이 걸려요.

➔ I need time to open up.
아이 니잇 타임 투 오우펀 업

○ 그다지 사교적이지는
않아요.

➔ I'm not really sociable.
아임 낫 리얼리 소우셔블

sociable 사교적인

우유부단하다

○ 그는 우유부단한
사람이야.

➔ He is an irresolute man.
히 이즈 언 이레절루웃 맨

➔ He is a man of indecision.
히 이즈 언 맨 어 빈디시젼

➔ He does not know his own
mind.
히 더즈 낫 노우 히스 오운 마인(드)

○ 나는 정말
우유부단한
성격이야.

➜ I'm really wishy-washy.
아임 리얼리 위쉬-워쉬

➜ I'm really shilly-shallying.
아임 리얼리 실리-샐리잉

wishy-washy 우유부단한(= shilly-shally)

○ 그는 의지가 약한
사람이야.

➜ He is an weak-willed man.
히 이즈 언 위익-윌(ㄷ) 맨

weak-willed 의지가 약한

○ 너는 그 문제에 대해
너무 우유부단해.

➜ You're so wishy-washy about the subject.
유어 소우- 위쉬-워쉬 어바웃 더 섭젝(ㅌ)

○ 그는 항상 결정을
내리는 데 주저한다.

➜ He is always hesitant to make a decision.
히 이즈 어얼웨이(ㅈ) 헤지턴(ㅌ) 투 메익 어 디시전

○ 우유부단한 태도를
버리고 결정을 해라.

➜ Stop sitting on the fence and make up your mind.
스탑 시딩 언 더 펜 샌(ㄷ) 메익 업 유어 마인(ㄷ)

비관적이다

○ 넌 너무 비관적이야. → **You are too pessimistic.**
유 아- 투- 페서미스틱

pessimistic 비관적인

○ 그는 매사를
비관적으로
생각한다.
→ **He thinks gloomily of everything.**
히 씽(ㅅ) 글루-밀리 어(ㅂ) 에브리씽

→ **He looks on the dark side of things.**
히 룩 선 더 다-(ㅋ) 사이 더(ㅂ) 씽(ㅅ)

→ **He has a pessimistic point of view.**
히 해즈 어 페서미스틱 퍼인 터(ㅂ) 뷰-

gloomily 우울하게, 침울하게
* gloomy 우울한, 어두침침한

○ 저는 좀 비관적인
성격이에요.
→ **I'm sort of a pessimist.**
아임 서- 터 버 페서미슷

○ 저는 비관적인
인생관을
가지고 있어요.
→ **I take a dark view of life.**
아이 테익 어 다-(ㅋ) 뷰- 어(ㅂ) 라이(ㅍ)

→ **I have a negative outlook on life.**
아이 해 버 네거티(ㅂ) 아욱룩 언 라이(ㅍ)

outlook 예측, 견해

○ 너무 그렇게
비관적으로만
보지 마.
→ **Don't look at things so half-empty.**
도운(ㅌ) 룩 앳 씽(ㅅ) 소우- 하(ㅍ)-엠티

이기적이다

○ 그는 너무
이기적이에요.

➔ **He is so egoistical.**
히 이즈 소우- 이-고우스티컬

➔ **He is an egocentric person.**
히 이즈 언 이-고우센츠릭 퍼-슨

➔ **He has a selfish personality.**
히 해즈 언 셀피쉬 퍼-스낼러티

egoistical 이기주의의/
egocentric 자기중심의, 이기적인

○ 넌 너밖에 모르는
사람이야.

➔ **You always only think of yourself.**
유 어얼웨이(ㅈ) 오운리 씽 커 뷰어셀(ㅍ)

➔ **You are self-seeking.**
유 아- 셀(ㅍ)-시-킹

➔ **You are guided by self-interest.**
유 아- 가이딧 바이 셀-핀터레슷

○ 그렇게 이기적으로
굴지 마.

➔ **Don't be so self-centered.**
도운(ㅌ) 비- 소우- 셀(ㅍ)-센터(ㄷ)

○ 그는 이기적인
경향이 있다.

➔ **He tends toward selfishness.**
히 텐(ㅈ) 터-(ㄷ) 셀피쉬니(ㅅ)

○ 그는 다른 사람의
감정은 생각하지
않아.

→He doesn't consider the feelings
of other people.

히 더즌(트) 컨시더 더 피-링 서(브) 어더 피-플

○ 그는 과잉보호를
받아서 자기밖에
몰라요.

→He was selfish as he lived off the
tit.

히 워즈 셀피쉬 애(ㅈ) 히 리(브) 더-(ㅍ) 더 팃

live off the tit 과잉보호로 살다, 사치스럽게 살다/
tit 무능력자

좋아하다

○ 나는 음악을
좋아해요.

➜ I love music.
아이 러(ㅂ) 뮤-직

➜ I'm fond of music.
아임 판 더(ㅂ) 뮤-직

➜ I delight in music.
아이 딜라잇 인 뮤-직

fond 좋아하는

○ 나는 운동을 무척
좋아해요.

➜ I'm a lover of sports.
아임 어 러버 어(ㅂ) 스퍼-(ㅊ)

➜ I have a penchant for sports.
아이 해 버 펜쳔(ㅌ) 퍼 스퍼-(ㅊ)

➜ I have a passion for sports.
아이 해 버 패션 퍼 스퍼-(ㅊ)

➜ I'm a sports fan.
아임 어 스퍼-(ㅊ) 팬

penchant 경향, 강한 기호

○ 커피보다는 차를
좋아해요.

➜ I prefer tea to coffee.
아이 프리퍼 티- 투 커-피

➜ I'd like tea better than coffee.
아이(ㄷ) 라익 티 베더 댄 커-피

○ 그가 좋아 미칠
지경이에요.

➜ I'm just crazy about him.
아임 저슷 크레이지 어바웃 힘

○ 그는 내가 좋아하는
   사람이에요.

→He is one of my favorites.
   히 이즈 원 어(ㅂ) 마이 페이버릿(ㅊ)

싫어하다

○ 그다지 좋아하지는
   않아요.

→I don't like it very much.
   아이 도운(ㅌ) 라익 잇 베리 머취

○ 나는 그게 제일
   싫어요.

→I like it least of all.
   아이 라익 잇 리-슷 어(ㅂ) 어얼

○ 나는 이런 종류의
   음식을 싫어해요

→I dislike this kind of food.
   아이 디스라익 디스 카인 더(ㅂ) 푸웃

○ 그는 나를 송충이
   대하듯 싫어해요.

→He hates me like a serpent.
   히 해잇(ㅊ) 미 라익 어 서-펀(ㅌ)

→He hates me like a viper.
   히 헤잇(ㅊ) 미 라익 어 바이퍼

serpent 뱀/ viper 독사, 독사 같은 인간

○ 그는 대중 앞에 나서는 걸 아주 싫어해요.

→ He has a disinclination to speaking in public.
히 해즈 어 디신클러네이션 투 스피-킹 인 펍릭

→ He detests speaking in public.
히 디테스(ㅊ) 스피-킹 인 펍릭

→ He is allergic to speaking in public.
히 이즈 얼러직 투 스피-킹 인 펍릭

○ 그는 내 친구들을 별로 좋아하지 않아요.

→ He doesn't much care for my friends.
히 더즌(ㅌ) 머취 케어 퍼 마이 프렌(ㅈ)

disinclination 싫증, 마음이 안 내킴/
detest 혐오하다, 몹시 싫어하다

Chapter 5

여행 가서도 척척!

어디로 여행을 갈까?
세계 지도를 펴 놓고 고민하다 보면,
마음은 벌써 바다를 건너고 있습니다.
여행, 그 출발부터 문제없도록 도와줄
영어 표현들과 함께 즐거운 여행하세요!
Have a nice trip!

Words

○**flight** 플라잇
 n. 비행, 항공편

○**airport** 에어퍼-(ㅌ)
 n. 공항

○**passport** 패스퍼-(ㅌ)
 n. 여권

○**boarding pass** 버-딩 패(ㅅ)
 n. (비행기의) 탑승권

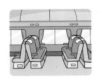

○**seat** 시잇
 n. 좌석, 자리

○**baggage** 배기쥐
 = **luggage** 러기쥐
 n. 수화물

○**pilot** 파일럿
 n. 조종사, 파일럿

○**crew** 크루-
 n. (배·비행기·기차) 승무원

○**train** 츠레인
　　n. 기차, 열차

○**subway** 섭웨이
　= **metro** 메츠로우
　　n. 지하철

○**taxi** 택시
　= **cab** 캡
　　n. 택시

○**bicycle** 바이씨클
　= **bike** 바익
　　n. 자전거

○**reservation** 레저베이션
　= **booking** 부킹
　　n. 예약

○**cancel** 캔썰
　　v. 취소하다

○**view** 뷰-
　　n. 전망

○**charge** 차-쥐
　　n. 요금, 경비

항공권 예약

○ 어떻게
여행하실 건가요?
비행기로 가시나요?

➔ **How are you going?**
Are you flying?
하우 아- 유 고우잉? 아- 유 플라잉

○ 목적지가
어디신가요?

➔ **What's your destination?**
왓 츄어 데스티네이션

destination 목적

○ 언제 떠날
예정인가요?

➔ **When would like to leave?**
웬 우(ㄷ) 라익 투 리-(ㅂ)

➔ **When do you plan on departing?**
웬 두 유 플랜 언 디파-팅

depart 출발하다

○ 편도인가요
왕복인가요?

➔ **One way, or round trip?**
원 웨이 어 라운(ㄷ) 츠립

➔ **Would that be one way or**
a round trip?
우(ㄷ) 댓 비- 원 웨이 어 어 라운(ㄷ) 츠립

round trip 왕복

○ 편도 요금은
500달러이고
왕복 요금은
700달러입니다.

➔ **It costs 500 dollars single and**
700 dollars round trip.
잇 커-슷 파이(ㅂ) 헌드레(ㄷ) 달러(ㅈ) 싱글 앤(ㄷ) 세븐
헌드레(ㄷ) 달러(ㅈ) 라운(ㄷ) 츠립

○ 그럼 왕복표로
주세요.

➔ **Then give me a round-trip ticket, please.**

덴 기(ㅂ) 미 어 라운(ㄷ)츠립 티킷, 플리-(ㅈ)

round-trip ticket 왕복 승차권(= return ticket)

○ 뉴욕으로 가는
비행기를 예약하고
싶은데요.

➔ **I'd like to book a flight for New York.**

아이(ㄷ) 라익 투 북 어 플라잇 퍼 누-여억

book 예약하다(= reserve)

○ 뉴욕에서 서울로
가는 비행기를
예약하고 싶은데요.

➔ **I want to reserve a seat from New York to Seoul.**

아이 원(ㅌ) 투 리저- 버 시잇 프럼 누-여억 투 소울

○ 대한항공 201편을
예약하고 싶은데요.

➔ **I'd like to reserve a seat on KAL Flight 201.**

아이(ㄷ) 라익 투 리저- 버 시잇 언 케이에이엘 플라잇
투지어로우원

○ 뉴욕행 편도로 한 장
부탁드립니다.

➔ **A one way ticket to New York, please.**

어 원 웨이 티킷 투 누-여억, 플리-(ㅈ)

one way ticket 편도 승차권(= single ticket)

○ 편도로 가장 싼
티켓은 얼마입니까?

➔ **What's the cheapest fare, one way?**

왓(ㅊ) 더 칩피-슷 페어, 원 웨이

○ 뉴욕행 이코노미석
티켓 가격은
얼마인가요?

➔ **How much is an economy class to New York?**

하우 머춰 이즈 언 이커너미 클래(ㅅ) 투 누-여억

○ 왕복표는 며칠간
　유효합니까?

→ How long is a round trip good for?

하우 러엉 이즈 어 라운(ㄷ) 츠립 굿 퍼

예약 확인 & 변경

○ 예약을 재확인하고
　싶은데요.

→ I want to reconfirm my reservation.

아이 원(ㅌ) 투 리컨퍼엄 마이 레저베이션

reconfirm 재확인하다

○ 성함과 비행편을
　말씀해 주시겠어요?

→ May I have your name and flight number?

메이 아이 해 뷰어 네임 앤(ㄷ) 플라잇 넘버

○ 예약 번호를
　알려 주시겠습니까?

→ Could you tell me your reservation number?

쿠 쥬 텔 미 유어 레저베이션 넘버

○ 12월 1일 서울행
　704편입니다.
　제 예약 번호는
　123456입니다.

→ I'm on flight 704 to Seoul on December 1. My reservation number is 123456.

아임 언 플라잇 세븐 오우 퍼- 투 소울 언 디셈버 퍼-슷.
마이 레저베이션 넘버 이즈 원투-쓰리-퍼-파이(ㅂ)식(ㅅ)

○ 4월 1일의 예약을
  취소하고, 대신
  4월 10일로 예약해
  주세요.

➔ I'd like to cancel my reservation
  for the flight on April 1, and
  book on April 10 instead, please.
  아이(ㄷ) 라익 투 캔설 마이 레저베이션 퍼 더 플라잇 언
  에이(ㅍ)릴 퍼-숫, 앤(ㄷ) 북 언 에이(ㅍ)릴 텐쓰 인스텟,
  플리-(ㅈ)

여권

○ 여권을 신청하려
  하는데요.

➔ I'd like to apply for a passport.
  아이(ㄷ) 라익 투 어플라이 퍼 어 패스퍼-(ㅌ)

apply for a passport 여권을 신청하다

○ 여권을 발급하려면
  어디로 가야 하나요?

➔ Where can I get a passport?
  웨어 캔 아이 겟 어 패스퍼-(ㅌ)

get a passport 여권을 발급하다

○ 여권을 만드는 데
  얼마나 걸리나요?

➔ How long does it take to get
  a passport?
  하우 러엉 더즈 잇 테익 투 겟 어 패스퍼-(ㅌ)

○ 여권을 발급하려면
  무엇을 준비해야
  하나요?

➔ What should I prepare to get
  a passport?
  왓 슈 다이 프리패어 투 겟 어 패스퍼-(ㅌ)

○ 제 여권은 금년 말로
만기가 됩니다.

→**My passport expires at the end of the year.**
마이 패스퍼-(ㅌ) 익스파이어 갯 디 엔 더(ㅂ) 더 이어

○ 여권이 곧 만기되기
때문에 갱신해야
해요.

→**I have to renew my passport because it's due to expire soon.**
아이 해(ㅂ) 투 리누- 마이 패스퍼-(ㅌ) 비커-(ㅈ) 잇(ㅊ)
듀- 투 익스파이어 수운

renew a passport 여권을 갱신하다
* extend one's visa 비자를 연장하다

비자

○ 미국 비자를
신청하고 싶습니다.

→**I want to apply for a visa for the United States.**
아이 원(ㅌ) 투 어플라이 퍼 어 비자 퍼 디 유나이팃
스테이(ㅊ)

○ 비자 신청은 이번이
두 번째입니다.

→**This is my second visa application.**
디스 이즈 마이 세컨(ㄷ) 비자 어플리케이션

○ 비자 연장을
신청하고 싶은데요.

→**I'd like to apply for a visa extension.**
아이(ㄷ) 라익 투 어플라이 퍼 어 비자 익스텐션

○ 비자 발급에
  얼마나 걸리죠?

➡ How long does it take to get a visa?

하우 러엉 더즈 잇 테익 투 겟 어 비자

➡ How long do I have to wait to get a visa?

하우 러엉 두 아이 해(ㅂ) 투 웨잇 투 겟 어 비자

○ 이 비자의 유효
  기간은 30일입니다.

➡ This visa is good for 30 days only.

디스 비자 이즈 굿 퍼 써-티 데이 오운리

good for (기간) 유효의

○ 비자 발급 수수료
  15달러를
  지불하셔야 합니다.

➡ You should pay 15 dollars for visa fee.

유 슈(ㄷ) 페이 핍틴 달러(ㅈ) 퍼 비자 피-

○ 비자 발급이
  허가되었는지
  알고 싶은데요.

➡ I want to find out if the authorization for my visa has come through yet.

아이 원(트) 투 파인 다웃 이(ㅍ) 디 어-써리제이션 퍼 마이
비자 해즈 컴 쓰루- 옛

○ 관광차 호주에
  가려고 하는데
  비자가 필요한가요?

➡ I'm planning to go to Australia for business. Do I need a visa?

아임 플래닝 투 고우 투 어스츠레일려 퍼 비즈니(ㅅ).
두 아이 니잇 어 비자

○ 호주에서는 6개월간 무비자로 머무를 수 있습니다.

→ Without a visa, you can stay in Australia for 6 months.

위다웃 어 비자 유 캔 스테이 인 어스츠레일려 퍼 식(ㅅ) 먼쓰(ㅈ)

○ 만기 전에 비자를 갱신하세요.

→ Please renew your visa before it expires.

플리-(ㅈ) 리누- 유어 비자 비퍼- 잇 익스파이어(ㅅ)

expire 만료되다, 만기가 되다

○ 무슨 비자를 가지고 계십니까?

→ What is your visa status?

왓 이즈 유어 비자 스테이터(ㅅ)

status 상황, 신분, 지위

○ 학생 비자로 방문하셨군요.

→ I see you have a student visa.

아이 시- 유 해 버 스튜-든(ㅌ) 비자

공항 이용

○ 늘어도 출발 한 시간 전에는 탑승 수속을 해 주세요.

➡ Please check in at least 1 hour before departure time.

플리-(ㅈ) 첵 인 앳 리-슷 원 아워 비퍼- 디파-처 타임

○ 탑승 수속을 위해 출발 두 시간 전까지는 공항에 도착해야 합니다.

➡ You should arrive at the airport at least 2 hours before your flight time to check in.

유 슈(ㄷ) 어라이 뱃 디 에어퍼-(ㅌ) 앳 리-슷 투- 아워(ㅅ) 비퍼- 유어 플라잇 타임 투 첵 인

○ 부치실 짐이 있습니까?

➡ Do you have any baggage to check?

두 유 해 배니 배기쥐 투 첵

○ 파리로 가는 연결편을 타야 하는데요.

➡ I need to catch the connection flight to Paris.

아이 니잇 투 캣취 더 커넥션 플라잇 투 패리(ㅅ)

connection flight 연결편, 갈아타는 편

○ 국제선 터미널은 어디인가요?

➡ Where is the international terminal?

웨어 이즈 디 인터내셔널 터-미널

○ 비행기가 연착해서
연결편을 놓쳤어요.

→ I missed the connection flight because my flight was delayed.

아이 미숫 더 커넥션 플라잇 비커-(ㅈ) 마이 플라잇 워즈 딜레잇

delay 지연시키다, 지체하게 하다

○ 다음 편에
탑승하시도록
해 드릴게요.

→ I'll put you on the next flight.

아일 풋 유 언 더 넥슷 플라잇

티켓팅

○ 대한항공 카운터는
어디입니까?

→ Where is the KAL office?

웨어 이즈 더 케이에이엘 어-피(ㅅ)

○ 다음 창구로
가십시오.

→ You may proceed to the next window.

유 메이 프로시잇 투 더 넥슷 윈도우

○ 인터넷으로 비행기를
예약했습니다.

→ I reserved a flight on the Internet.

아이 리저-(ㅂ) 더 플라잇 언 디 인터-넷

○ 금연석으로 주세요.

→ A non-smoking seat, please.

어 난 스모우킹 시잇, 플리-(ㅈ)

○ 창가 쪽 좌석을
부탁합니다.

→ I'd like a window seat, please.
아이(ㄷ) 라익 어 윈도우 시잇, 플리-(ㅈ)

window seat 창가 쪽 좌석
* aisle seat 복도 쪽 좌석/ bulk seat 제일 앞 좌석

○ 체크인은
몇 시입니까?

→ What is the check-in time?
왓 이즈 더 첵 인 타임

○ 서울행 KAL은 몇 번
게이트입니까?

→ What is the gate number for
KAL to Seoul?
왓 이즈 더 게잇 넘버 퍼 케이에이엘 투 소울

보딩

○ 탑승 수속은
언제 합니까?

→ When should I check in?
웬 슈 다이 첵 인

→ What time do you start boarding?
왓 타임 두 유 스타-(ㅌ) 버-딩

check in 탑승 수속(= boarding)

○ 어느 출입구로 가면
됩니까?

→ Which gate do I go to?
윗취 게잇 두 아이 고우 투

○ 곧 탑승을
시작하겠습니다.

→ We will begin boarding soon.
위 윌 비긴 버-딩 수운

○ 탑승권을 보여
  주시겠습니까?

➜ May I see your boarding pass,
  please?

메이 아이 시- 유어 버-딩 패(ㅅ), 플리-(ㅈ)

boarding pass 탑승권

○ 대한항공 702편을
  이용하시는 모든
  승객 여러분께서는
  12번 탑승구에서
  탑승 수속을
  하시기 바랍니다.

➜ All passengers using KE 702,
  please report to Gate 12 for
  boarding.

어얼 패신저(ㅅ) 유-징 케이이- 세븐오우투-,
플리-(ㅈ) 리퍼-(ㅌ) 투 게잇 트웰(ㅂ) 퍼 버-딩

○ 오전 10시에
  출발하는
  605편기 탑승구가
  변경되었습니다.
  새 탑승구는
  B29입니다.

➜ Flight 605, departing at 10 am,
  has had a gate change.
  The new departure gate is B29.

플라잇 식(ㅅ)지어로우파이(ㅂ), 디파-팅 앳 텐 에이엠,
해즈 해 더 게잇 체인쥐. 더 누- 디파-처 게잇 이즈
비- 트웰티나인

GATE 9

세관

○ 세관 신고서를
  작성해 주세요.

→ Please fill out this customs declaration.

플리-(ㅈ) 필 아웃 디스 커스텀(ㅅ) 데클러레이션

customs declaration 세관 신고서

○ 세관 신고서를
  보여 주시겠어요?

→ Can I see your customs declaration?

캔 아이 시- 유어 커스텀(ㅅ) 데클러레이션

○ 신고하실 물품이
  있습니까?

→ Anything to declare?

애니씽 투 디클레어

→ Do you have anything to declare?

두 유 해 배니씽 투 디클레어

→ What do you have to declare?

왓 두 유 해(ㅂ) 투 디클레어

declare 신고하다

○ 신고할 것은
  없습니다.

→ Nothing.

나씽

→ I have nothing to declare.

아이 해(ㅂ) 나씽 투 디클레어

○ 가방을 테이블 위에
  올려 주세요.

→ Please place your bags on the table.

플리-(ㅈ) 플레이(ㅅ) 유어 백 선 더 테이블

○ 이것은 제가
사용하는 거예요.

→ It's for my own use.
잇(ㅊ) 퍼 마이 오운 유-(ㅈ)

→ It's for my personal use.
잇(ㅊ) 퍼 마이 퍼-스널 유-(ㅈ)

○ 액체류는 반입할 수
없습니다.

→ You cannot bring in any liquids.
유 캔낫 브링 인 애니 리쿠이(ㅈ)

liquid 액체

면세점 이용

○ 면세점은
어디 있어요?

→ Where are the duty-free shops?
웨어 아- 더 듀-티 프리- 샵(ㅅ)

○ 면세점에서 쇼핑할
시간이 있을까요?

→ Will we have time to do some
duty free shopping?
윌 위 해(ㅂ) 타임 투 두 섬 듀-티 프리- 샤핑

○ 면세점에서는 훨씬
쌀 거예요.

→ It'll probably be even cheaper in
the duty-free shop.
잇일 프라버블리 비- 이븐 치-퍼 인 더 듀-티 프리- 샵

○ 여행자 수표도
받습니까?

→ Do you accept traveler's checks?
두 유 액셉(ㅌ) 츠래블러(ㅅ) 첵(ㅅ)

○ 네.
신분증을 가지고
계신가요?

➡ **Yes. Do you have any identification?**
예스. 두 유 해 배니 아이덴티피케이션

출국 심사

○ 여권을
보여 주시겠어요?

➡ **May I see your passport, please?**
메이 아이 시- 유어 패스퍼-(ㅌ), 플리-(ㅈ)

○ 출국 신고서를
주시겠어요?

➡ **Can you hand in your departure card?**
캔 유 핸 딘 유어 디파-쳐 카-(ㄷ)

departure card 출국 카드(= embarkation car)

○ 출국 신고서
작성법을
알려 주시겠어요?

➡ **Can you give me hand filling out this departure card?**
캔 유 기(ㅂ) 미 핸(ㄷ) 필링 아웃 디스 디파-쳐 카-(ㄷ)

fill out 작성하다, 기입하다

○ 어디까지 가십니까?

➡ **Where are you headed?**
웨어 아- 유 헤딧

○ 뉴욕에 가는
중입니다.

➡ **I'm on my way to New York.**
아임 언 마이 웨이 투 누-여역

○ 언제 돌아오십니까? →**When are you going to return?**
웬 아- 유 고우잉 투 리터언

○ 일행이 있습니까? →**Who is going with you?**
후 이즈 고우잉 윗 유

○ 상사와 함께 갑니다. →**I'm going with my boss.**
아임 고우잉 윗 마이 버-(ㅅ)

입국 심사

○ 여권과
입국 신고서를
보여 주시겠어요? →**May I see your passport and landing card, please?**
메이 아이 시- 유어 패스퍼-(ㅌ) 앤(ㄷ) 랜딩 카-(ㄷ),
플리-(ㅈ)   landing card 입국 카드, 입국 신고서
(= disembarkation card)

○ 국적은 어디입니까? →**What is your nationality, please?**
왓 이즈 유어 내셔낼러티, 플리-(ㅈ)

→**Where are you from?**
웨어 아- 유 프럼

○ 미국에서 목적지는
어디입니까? →**What is your destination in the United States?**
왓 이즈 유어 데스티네이션 인 디 유나잇 스테이(ㅊ)

○ 방문 목적은
  무엇입니까?

→ **What's the purpose of your visit?**
  왓(ㅊ) 더 퍼-퍼(ㅈ) 어 뷰어 비짓

→ **What are you here for?**
  왓 아- 유 히어 퍼

→ **What brought you here?**
  왓 브로웃 유 히어

purpose 목적, 의도

○ 관광차 왔습니다.

→ **I'm here just for sightseeing.**
  아임 히어 저슷 퍼 사잇시-잉

→ **For travelling.**
  퍼 츠레블링

○ 사업차 왔습니다.

→ **I'm here on business.**
  아임 히어 언 비즈니(ㅅ)

○ 친척들을 만나러
  왔어요.

→ **I'm here to visit my relatives.**
  아임 히어 투 비짓 마이 레러티(ㅂㅅ)

relative 친척

○ 이 나라에서는
  얼마 동안 머물
  예정입니까?

→ **How long are you going to stay
  in this country?**
  하우 러엉 아- 유 고우잉 투 스테이 인 디스 컨츠리

→ **How long will you be here?**
  하우 러엉 윌 유 비- 히어

○ 일주일간 머물
예정입니다.

→ I'll stay for 7 days.
아일 스테이 퍼 세븐 데이(ㅈ)

→ I'll be here for 7 days.
아일 비- 히어 퍼 세븐 데이(ㅈ)

→ 7 days.
세븐 데이(ㅈ)

○ 돌아갈 항공권을
갖고 있습니까?

→ Do you have a return airplane ticket?
두 유 해 버 리터언 에어플레인 티킷

○ 직업은 무엇입니까?

→ What's your occupation?
왓 츄어 어큐페이션

occupation 직업

○ 단체 여행객입니까?

→ Are you traveling in a group?
아- 유 츠레블링 인 어 그루웁

○ 첫 방문입니까?

→ Is this your first visit?
이즈 디스 유어 퍼-숏 비짓

first visit 첫 방문

○ 네, 처음입니다.

→ Yes, it's my first time.
예스, 잇(ㅊ) 마이 퍼-숏 타임

○ 숙소는 어디입니까?

→ **Where are you going to stay?**
웨어 아- 유 고우잉 투 스테이

○ 친구의 집에
머물 거예요.

→ **I'm going to stay at my friend's house.**
아임 고우잉 투 스테이 앳 마이 프렌(ㅈ) 하우(ㅅ)

○ 힐튼 호텔에
머물 겁니다.

→ **I'm going to be staying at the Hilton hotel.**
아임 고우잉 투 비- 스테잉 앳 더 힐튼 호우텔

→ **At the Hilton hotel.**
앳 더 힐튼 호우텔

○ 얼마를 소지하고
계십니까?

→ **How much money do you have?**
하우 머취 머니 두 유 해(ㅂ)

○ 1,500달러를
갖고 있습니다.

→ **I have about $1,500.**
아이 해 버바웃 핍틴 헌드레(ㄷ) 달러(ㅈ)

○ 여행자 수표로
500달러,
현금으로 500달러
가지고 있습니다.

→ **I have $500 in traveler's checks and $500 in cash.**
아이 해(ㅂ) 파이(ㅂ) 헌드레(ㄷ) 인 츠레블러(ㅅ) 첵(ㅅ)
앤(ㄷ) 파이(ㅂ) 헌드레(ㄷ) 인 캐쉬

짐을 찾을 때

○ 제 짐을 찾으려면
어디로 가야 하나요?
→ **Where can I pick up my baggage?**
웨어 캔 아이 픽 업 마이 배기쥐

○ 수하물계로
가십시오.
→ **You can proceed to the baggage counter.**
유 캔 프러시잇 투 더 배기쥐 카운터

baggage counter 수하물 수속대
* baggage claim 수하물 찾는 곳
* baggage claim tag 수하물 보관표

○ 제 짐이 보이지
않아요.
→ **My baggage isn't here.**
마이 배기쥐 이즌(ㅌ) 히어

→ **I can't find my suitcase.**
아이 캔(ㅌ) 파인(ㄷ) 마이 수웃케이(ㅅ)

→ **I think my baggage is missing.**
아이 싱(ㅋ) 마이 배기쥐 이즈 미싱

○ 제 짐이 어디 있는지
확인해 주시겠어요?
→ **Can you check to see where my baggage is?**
캔 유 첵 투 시- 웨어 마이 배기쥐 이즈

○ 제 짐이 파손됐어요. → **My baggage was damaged.**
마이 배기쥐 워즈 대미쥐(ㄷ)

○ 제 짐이 아직
도착하지 않았어요. → **My baggage hasn't arrived yet.**
마이 배기쥐 해즌(ㅌ) 어라입(ㄷ) 옛

마중

○ 공항에 누가
마중 나와 있습니까? → **Will someone pick you up at the airport?**
윌 섬원 픽 유 업 앳 디 에어퍼-(ㅌ)

→ **Will someone be meeting you at the airport?**
윌 섬원 비- 미-팅 유 앳 디 에어퍼-(ㅌ)

pick up ~를 (차에) 태우다

○ 공항에 마중 나와
주시겠습니까? → **Can you meet me at the airport?**
캔 유 미잇 미 앳 디 에어퍼-(ㅌ)

→ **Can you come for me to the airport?**
캔 유 컴 퍼 미 투 디 에어퍼-(ㅌ).

come for [사람]을 맞으러 오다

○ 공항에 누구 좀
　마중 나오게
　해 주시겠어요?

→ Can you arrange to have someone meet me at the airport?
캔 유 어랜쥐 투 해(ㅂ) 섬원 미잇 미 앳 디 에어퍼-(ㅌ)

arrange (미리) 정하다, 준비하다

○ 우리를 마중 나와
　줘서 고마워요.

→ Thanks for coming out to get us.
쌩(ㅅ) 퍼 커밍 아웃 투 겟 어스

→ Thank you for meeting my plane.
쌩 큐 퍼 미-팅 마이 플레인

○ 당신을 마중하도록
　차를 예약해
　놓을게요.

→ I'll arrange for a car to meet you at the airport.
아일 어랜쥐 퍼 러 카- 투 미잇 유 앳 디 에어퍼-(ㅌ)

○ 내가 공항에
　마중하러 나갈게요.

→ I'll meet your plane.
아일 미잇 유어 플레인

→ I'll pick you up at the airport.
아일 픽 유 업 앳 디 에어퍼-(ㅌ)

공항 기타

○ LA를 경유해서
갑니다.

→ I'll go via L.A.
아일 고우 비-어 엘에이

via (어떤 장소를) 경유하여

○ 이 비행기는 파리
경유 런던행이에요.

→ It's a plane to London via Paris.
잇 처 플레인 투 런던 비-어 패리(ㅅ)

→ It's a plane to London by way of
Paris.
잇 처 플레인 투 런던 바이 웨이 어(ㅂ) 패리(ㅅ)

○ 샌프란시스코를
경유하도록 노선을
정해 주세요.

→ Please route me via San
Francisco.
플리-(ㅈ) 루웃 미 비-어 샌프랜시스코우

○ 나는 그리스를
경유하여 유럽을
여행할 거야.

→ I'll travel Europe by Greece.
아일 츠래블 유어럽 바이 그리-(ㅅ)

○ 이 비행기는
시카고로
직항합니다.

→ This plane is flying direct to
Chicago.
디스 플레인 이즈 플라잉 디렉(ㅌ) 투 시카-고우

○ 제가 탈 비행기는
시드니 직항입니까?

→ **Is my flight non-stop to Sydney?**
이즈 마이 플라잇 난 스탑 투 싯니

○ 안개 때문에
공항에서 꼼짝
못하고 있었다.

→ **I was fogbound at the airport.**
아이 워즈 폭바운(ㄷ) 앳 디 에어퍼-(ㅌ)

fogbound 안개로 발이 묶인, 안개에 갇힌

기내 좌석 찾기

○ 탑승권을
보여 주시겠습니까?

➔ May I see your boarding pass, please?
메이 아이 시- 유어 버-딩 패(ㅅ), 플리-(ㅈ)

➔ Would you please show me your boarding pass?
우 쥬 플리-(ㅈ) 쇼우 미 유어 버-딩 패(ㅅ)

○ 좌석을 안내해
드릴까요?

➔ May I help you find your seat?
메이 아이 헬 퓨 파인 쥬어 시잇

○ 이쪽입니다.
손님 좌석은 바로
저쪽입니다.

➔ This way, please.
Your seat is just over there.
디스 웨이, 플리-(ㅈ). 유어 시잇 이즈 저슷 오우버 데어

○ 소지품을 기내에
둬도 됩니까?

➔ May I leave my belongings in this flight?
메이 아이 리-(ㅂ) 마이 빌러엉잉 신 디스 플라잇

belonging 소지품

○ 이 가방을 선반
위에 올려 놓도록
도와주시겠습니까?

➔ Will you please help me to put this bag up on the rack?
윌 유 플리-(ㅈ) 헬(ㅍ) 미 투 풋 디스 백 업 언 더 랙

rack 선반

○ 잠시 후에
이륙합니다.
→ **We are taking off shortly.**
위 아- 테이킹 어-(ㅍ) 셔-(ㅌ)리

○ 좌석 벨트를
매 주십시오.
→ **Please fasten your seat belt.**
플리-(ㅈ) 패슨 유어 시잇 벨(ㅌ)

기내에서

○ 잡지나 읽을거리를
좀 주시겠어요?
→ **May I have a magazine or
something to read?**
메이 아이 해 버 매거진 어 섬씽 투 리잇

○ 담요와 베개를
주시겠습니까?
→ **May I have a blanket and
a pillow?**
메이 아이 해 버 블랭킷 앤(ㄷ) 어 필로우
→ **Could you get me a blanket and
a pillow, please?**
쿠 쥬 겟 미 어 블랭킷 앤(ㄷ) 어 필로우, 플리-(ㅈ)

○ 실례합니다.
저랑 자리를 바꿔
주실 수 있습니까?
→ **Excuse me. Would you mind
trading seats with me?**
익스큐-(ㅈ) 미. 우 쥬 마인(ㄷ) 츠레이딩 시잇(ㅊ) 윗 미

trade 주고받다, 교환하다, 맞바꾸다

○ 비행시간은 얼마나 걸립니까?

➔ **How long does the flight take?**
하우 러엉 더즈 더 플라잇 테익

○ 서울과 뉴욕의 시차는 얼마입니까?

➔ **What's the time difference between Seoul and New York?**
왓(ㅊ) 더 타임 디퍼런(ㅅ) 빗위인 소울 앤(ㄷ) 누-여억

time difference 시차(= jet lag)

○ 비행기가 완전히 멈출 때까지 좌석에서 기다려 주세요.

➔ **Please remain in your seat until the aircraft comes to a complete stop.**
플리-(ㅈ) 리메인 인 유어 시잇 언틸 디 에어크래풋 컴(ㅅ) 투 어 컴플리잇 스탑

기내식

○ 음료수는 무엇으로 하시겠습니까?

➔ **What would you like to drink?**
왓 우 쥬 라익 투 드링(ㅋ)

○ 음료수를 좀 주시겠습니까?

➔ **Can I get something to drink?**
캔 아이 겟 섬씽 투 드링(ㅋ)

○ 식사는 소고기와
생선 중 무엇으로
하시겠습니까?

→ Would you like beef or fish for dinner?
우 쥬 라익 비입 어 피쉬 퍼 디너

→ Which would you prefer, beef or fish?
윗취 우 쥬 프리퍼, 비입 어 피쉬

○ 스테이크로 할게요.

→ Steak, please.
스테익, 플리-(ㅈ)

→ I'd like steak for dinner.
아이(ㄷ) 라익 스테익 퍼 디너

○ 디저트는 됐습니다.

→ I don't care for any dessert.
아이 도운(ㅌ) 캐어 퍼 애니 디저-(ㅌ)

→ I'll skip dessert.
아일 스킵 디저-(ㅌ)

skip 건너뛰다, 생략하다

○ 물 한 컵
주시겠어요?

→ I'd like to have a glass of water, please.
아이(ㄷ) 라익 투 해 버 글래 서(ㅂ) 워-터, 플리-(ㅈ)

○ 테이블을
치워 드릴까요?

→ Can I clear the table?
캔 아이 클리어 더 테이블

숙박 시설 예약

○ 예약을 하고
싶습니다.

➜ I'd like to make a reservation.
아이(ㄷ) 라익 투 메익 어 레저베이션

➜ I'd like to book a room.
아이(ㄷ) 라익 투 북 어 루움

○ 다음 주에 2박을
예약하고 싶습니다.

➜ I'd like to make a reservation for
2 nights next week.
아이(ㄷ) 라익 투 메익 어 레저베이션 퍼 투- 나잇(ㅊ) 넥숫
위익

○ 죄송합니다,
방이 만원입니다.

➜ Sorry, sir. We're full.
서-리, 서(ㄹ). 위어 풀

➜ I'm sorry we're all booked up.
아임 서-리 위어 어얼 북 텁
　　　　booked up 예약이 꽉 찬(= full), 매진된(= sold out)

○ 어떤 방을
원하십니까?

➜ What kind of room do you have
in mind?
왓 카인 더(ㅂ) 루움 두 유 해 빈 마인(ㄷ)

○ 욕실이 있는
싱글룸으로
부탁합니다.

➜ I'd like a single room with bath.
아이(ㄷ) 라익 어 싱글 루움 윗 배쓰

○ 바다가 보이는
방으로 부탁합니다.

➜ I'd like a room with a view of
the ocean.
아이(ㄷ) 라익 어 루움 윗 어 뷰- 어(ㅂ) 디 오우션

○ 싱글룸이 있습니까? → **Do you have a single room available?**
두 유 해 버 싱글 루움 어베일러블

→ **I'd like a single room, please.**
아이(ㄷ) 라익 어 싱글 루움, 플리-(ㅈ)

available 이용 가능한

○ 며칠 묵으실 겁니까? → **For how many nights?**
퍼 하우 메니 나잇(ㅊ)

○ 3박 하고 일요일 오전에 체크아웃하려고 합니다. → **I'd like to stay 3 nights and check out Sunday morning.**
아이(ㄷ) 라익 투 스테이 쓰리- 나잇(ㅊ) 앤(ㄷ) 첵 아웃 선데이 머-닝

○ 숙박비는 얼마입니까? → **What's the rate for the room?**
왓(ㅊ) 더 레잇 퍼 더 루움

rate 요금

○ 조식이 포함되었나요? → **Does this rate include breakfast?**
더즈 디스 레잇 인클루(ㄷ) 브렉퍼슷

○ 좀 더 싼 방이 있나요? → **Do you have anything cheaper?**
두 유 해 배니씽 치-퍼

○ 오늘 밤 묵을 방이
있습니까?
→ **Is there a room available
tonight?**
이즈 데어 어 루움 어베일러블 터나잇

체크인

○ 체크인을
부탁합니다.
→ **Check in, please.**
첵 인, 플리-(ㅈ)
→ **I'd like to check in now.**
아이(ㄷ) 라익 투 첵 인 나우

○ 지금 체크인할 수
있습니까?
→ **Can I check in now?**
캔 아이 첵 인 나우

○ 체크인은
몇 시부터입니까?
→ **What time is check-in?**
왓 타임 이즈 첵 인

○ 예약은 하셨습니까?
→ **Do you have a reservation?**
두 유 해 버 레저베이션

reservation 예약

○ 싱글룸을 예약한
스미스입니다.
→ **My name is Smith, I have
a reservation for a single.**
마이 네임 이즈 스미쓰, 아이 해 버 레저베이션 퍼 어 싱글

○ 방을 바꾸고
싶습니다.

→ I would like to change my room.
아이 우(ㄷ) 라익 투 체인쥐 마이 루움

○ 짐을 부탁합니다.

→ Take my baggage, please.
테익 마이 배기쥐, 플리-(ㅈ)

체크아웃

○ 체크아웃
부탁합니다.

→ Check out, please.
첵 아웃, 플리-(ㅈ)

→ I'd like to check out.
아이(ㄷ) 라익 투 첵 아웃

○ 몇 시에 체크아웃
하시겠습니까?

→ When will you be checking out?
웬 윌 유 비- 체킹 아웃

○ 10시에
체크아웃하려고
합니다.

→ I am going to check out at
10 o'clock.
아이 앰 고우잉 투 첵 아웃 앳 텐 어클락

○ 이 항목은 무슨
요금입니까?

→ What's this item?
왓(ㅊ) 디스 아이텀

→ What is this charge?
왓 이즈 디스 차-쥐

charge 요금, 청구하다

○ 저는 룸서비스를
시키지 않았는데요.
➡ I never ordered any room service.
아이 네버 어-더(ㄷ) 애니 루움 서-비(ㅅ)

○ 잘못된 것 같은데요.
➡ I think there is a mistake here.
아이 씽(ㅋ) 데어 이즈 어 미(ㅅ)테익 히어

mistake 실수, 오해하다

○ 짐을 로비로
내려 주세요.
➡ Please have my baggage
brought down.
플리-(ㅈ) 해(ㅂ) 마이 배기쥐 브러엇 다운

숙박 시설 이용

○ 룸서비스를
부탁해도 될까요?
➡ May I have room service?
메이 아이 해(ㅂ) 루움 서-비(ㅅ)
➡ Room service, please.
루움 서-비(ㅅ), 플리-(ㅈ)

○ 세탁을 부탁할 수
있습니까?
➡ Do you have a laundry service?
두 유 해 버 러언드리 서-비(ㅅ)
➡ I want to send this to the laundry.
아이 원(ㅌ) 투 센(ㄷ) 디스 투 더 러언드리
➡ Laundry service, please.
러언드리 서-비(ㅅ), 플리-(ㅈ)

○ 언제쯤 되나요?

➔ **When will it be ready?**
웬 윌 잇 비- 레디

➔ **How long will it take?**
하우 러엉 윌 잇 테익

○ 귀중품을 보관할 수
있습니까?

➔ **Could you take my valuables?**
쿠 쥬 테익 마이 밸류어블(ㅅ)

➔ **Could I leave some of my valuables in the hotel safe?**
쿠 다이 리-(ㅂ) 섬 어(ㅂ) 마이 밸류어블(ㅅ) 인 더 호우텔
세이(ㅍ)

➔ **Can I deposit my valuables?**
캔 아이 디파짓 마이 밸류어블(ㅅ)

valuables 귀중품

○ 6시에 모닝콜을
해 주세요.

➔ **A wake-up call at 6, please.**
어 웨익 업 커얼 앳 식(ㅅ), 플리-(ㅈ)

➔ **Will you wake me up at 6?**
윌 유 웨익 미 업 앳 식(ㅅ)

➔ **Can I have a wake-up call at 6?**
캔 아이 해 버 웨익 업 커얼 앳 식(ㅅ)

➔ **Can you give me a wake-up call at 6?**
캔 유 기(ㅂ) 미 어 웨익 업 커얼 앳 식(ㅅ)

wake-up call 모닝콜

356

○ 제게 메시지 온 것이
있습니까?

→ Is there any message for me?
이즈 데어 애니 메시쥐 퍼 미

→ Do you have any message for
me?
두 유 해 배니 메시쥐 퍼 미

○ 열쇠를 보관해
주시겠어요?

→ Will you keep my key?
윌 유 키입 마이 키-

○ 제 방 열쇠를
주시겠어요?

→ Can I have my key?
캔 아이 해(ㅂ) 마이 키-

○ 이 짐을 비행기
시간까지
맡아 주세요.

→ Please keep this baggage until
my flight time.
플리-(ㅈ) 키입 디스 배기쥐 언틸 마이 플라잇 타임

keep 보관하다, 유지하다

○ 이 짐을 한국으로
보내 주시겠어요?

→ Can I ask you to send this
baggage to Korea?
캔 아이 애속 큐 투 센(ㄷ) 디스 배기쥐 투 커리-아

○ 하루 더 연장해서
  체류하고 싶습니다.
→ I'd like to extend my stay one more day.
아이(ㄷ) 라익 투 익스텐(ㄷ) 마이 스테이 원 머- 데이

→ I'd like to stay one day longer.
아이(ㄷ) 라익 투 스테이 원 데이 러엉거

extend 연장하다

○ 무선 인터넷을
  사용할 수 있나요?
→ Can I use the wireless internet?
캔 아이 유-(ㅈ) 더 와이어리(ㅅ) 인터-넷

숙박 시설 트러블

○ 열쇠를 방에 두고
  왔습니다.
→ I left the key in my room.
아이 레픗 더 키- 인 마이 루움

→ I locked myself out.
아이 락(ㅌ) 마이셀 파웃

○ 마스터키를 쓸 수
  있을까요?
→ Do you have the master key, please?
두 유 해(ㅂ) 더 매스터 키-, 플리-(ㅈ)

○ 뜨거운 물이 나오지
  않는데요.
→ There's no hot water.
데어(ㅅ) 노우 핫 워터

○ 화장실이 막혔어요. →**The toilet doesn't flush.**
더 터일릿 더즌(ㅌ) 플러쉬

○ 방이 청소되어 있지 않아요. →**My room has not been cleaned yet.**
마이 루움 해즈 낫 빈 클리인(ㄷ) 옛

○ 지금 점검해 주시겠어요? →**Will you check on it right away?**
윌 유 첵 언 잇 라잇 어웨이

○ 옆 방이 너무 시끄러운데요. →**It's very noisy next door.**
잇(ㅊ) 베리 노이지 넥슷 도어

○ 방이 엘리베이터에 너무 가까이 있는데, 바꿀 수 있을까요? →**My room is too close to the elevator. Can I change it?**
마이 루움 이즈 투- 클로우(ㅅ) 투 디 엘러베이터.
캔 아이 체인쥐 잇

close to 아주 가까이에서

관광 안내소

○ 관광 안내소는
어디에 있나요?

➜**Where is the tourist information center?**
웨어 이즈 더 투어리슷 인퍼메이션 센터

○ 이 도시의
관광 안내서를
주시겠어요?

➜**Do you have a sightseeing brochure of this town?**
두 유 해 버 사잇시-잉 브로우슈어 어(ㅂ) 디스 타운

➜**Please give me a leaflet on the town.**
플리-(ㅈ) 기(ㅂ) 미 어 리-플릿 언 더 타운

brochure 책자/ leaflet 전단

○ 이 도시의 지도를
한 장 부탁합니다.

➜**May I have a map of this town?**
메이 아이 해 버 맵 어(ㅂ) 디스 타운

○ 부근에 가 볼 만한
명소를 추천해
주시겠어요?

➜**Can you recommend some interesting places around here?**
캔 유 레커멘(ㄷ) 섬 인터레스팅 프레이시(ㅅ) 어라운(ㄷ) 히어

○ 이 지역의 호텔
정보를 알고
싶은데요.

➜**I need information on local hotels.**
아이 니잇 인퍼메이션 언 로우컬 호우텔(ㅅ)

○ 값싸고 괜찮은
호텔 하나
추천해 주시겠어요?

➤ **Can you recommend a cheap and nice hotel?**
캔 유 레커멘 더 치입 앤(ㄷ) 나이(ㅅ) 호우텔

○ 약도를 좀
그려 주시겠습니까?

➤ **Could you draw me a map?**
쿠 쥬 드러- 미 어 맵

투어

○ 어떤 투어
프로그램이 있나요?

➤ **What kind of tours do you have?**
왓 카인 더(ㅂ) 투어(ㅅ) 두 유 해(ㅂ)

○ 당일 투어가
있습니까?

➤ **Do you have one-day tour programs?**
두 유 해(ㅂ) 원 데이 투어 프로우그램(ㅅ)

one-day 하루 동안의

○ 몇 시에 어디에서
출발합니까?

➤ **What time and where does it leave?**
왓 타임 앤(ㄷ) 웨어 더즈 잇 리-(ㅂ)

○ 몇 시간이나
걸리나요?

➤ **How long does it take?**
하우 러엉 더즈 잇 테익

| 몇 시에 돌아올 수 있나요? | → **What time will we be back?** |
| | 왓 타임 윌 위 비- 백 |

요금은 1인에 얼마인가요?	→**How much is it per person?**
	하우 머춰 이즈 잇 퍼 퍼-슨
	→**What's the rate per person?**
	왓(ㅊ) 더 레잇 퍼 퍼-슨

| 가이드가 있습니까? | →**Do you have a guide?** |
| | 두 유 해 버 가이(ㄷ) |

| 야경을 위한 관광이 있나요? | →**Do you have a tour for the night view?** |
| | 두 유 해 버 투어 퍼 더 나잇 뷰- |

입장권을 살 때

| 티켓은 어디서 살 수 있나요? | →**Where can I buy a ticket?** |
| | 웨어 캔 아이 바이 어 티킷 |

| 입장료는 얼마인가요? | →**How much is the admission fee?** |
| | 하우 머춰 이즈 디 앳미션 피- |

admission fee 입장료

○ 어른 두 장이랑
  어린이 한 장 주세요.

→ **Two adults and one child, please.**
투- 어덜(ㅊ) 앤(ㄷ) 원 차일(ㄷ), 플리-(ㅈ)

○ 1시 공연의 좌석이
  있나요?

→ **Do you have any tickets for the
  1 o'clock performance?**
두 유 해 배니 티킷(ㅊ) 퍼 디 원 어클락 퍼퍼-먼(ㅅ)

→ **Are there any tickets available
  at 1 o'clock?**
아- 데어 애니 티킷 처베일러블 앳 원 어클락

performance 공연, 연주회

○ 단체 할인이 되나요?

→ **Do you have a group discount?**
두 유 해 버 그루웁 디스카운(ㅌ)

○ 단체 할인 요금을
  적용 받으려면
  몇 명이 필요한가요?

→ **How many people do we need
  to get the group rate?**
하우 메니 피-플 두 위 니잇 투 겟 더 그루웁 레잇

○ 20명 이상의 단체는
  20%의 할인을
  받을 수 있습니다.

→ **Groups of 20 or more can
  receive a 20% discount.**
그루웁 서(ㅂ) 트웬티 어 머- 캔 리시- 버 트웬티 퍼센(ㅌ)
디스카운(ㅌ)

관람

○ 정말 아름다운
  곳이네요!
→ **What a beautiful place it is!**
왓 어 뷰-터펄 플레이(ㅅ) 잇 이즈

○ 전망이
  환상적이에요!
→ **What a fantastic view!**
왓 어 팬태스틱 뷰-

○ 관람 시간은
  몇 시까지인가요?
→ **What time will it be over?**
왓 타임 윌 잇 비- 오우버

over 끝이 난

○ 이 시설은
  7세 미만의 어린이만
  이용 가능합니다.
→ **It's supposed to be only for
  children under the age of seven.**
잇(ㅊ) 서포우즛 투 비- 오운리 퍼 칠드런 언더 디 에이쥐
어(ㅂ) 세븐

○ 내부를 둘러봐도
  될까요?
→ **Can I take a look inside?**
캔 아이 테익 어 룩 인사이(ㄷ)

○ 기념품 가게는
  어디 있나요?
→ **Where is the gift shop?**
웨어 이즈 더 기픗 샵
→ **Where can I buy the gifts?**
웨어 캔 아이 바이 더 기픗(ㅊ)

○ 출구는 어디인가요? → **Where is the exit?**
웨어 이즈 디 엑짓

길 묻기

○ 국립미술관으로
가려면 어느 쪽으로
가야 하나요?
→ **Which way do I go to get to the National Gallery?**
위취 웨이 두 아이 고우 투 겟 투 더 내셔널 갤러리

○ 에펠탑으로 가려면
이 길이 맞습니까?
→ **Is this the right way to the Eiffel Tower?**
이즈 디스 더 라잇 웨이 투 디 아이플 타워

right 옳은, 맞는; 오른쪽으로

○ 역까지 가는 길을
가르쳐 주세요.
→ **Please tell me the way to the station.**
플리-(ㅈ) 텔 미 더 웨이 투 더 스테이션

→ **How can I get to the station?**
하우 캔 아이 겟 투 더 스테이션

○ 곧장 가셔서
두 번째 모퉁이에서
우회전하세요.
→ **Go straight and turn right at the second corner.**
고우 스츠레잇 앤(ㄷ) 터언 라잇 앳 더 세컨(ㄷ) 커-너

○ 근처에 지하철역이
있습니까?

→ Is there a subway station around here?

이즈 데어 어 섭웨이 스테이션 어라운(ㄷ) 히어

○ 좀 먼데요.
버스를 타는 것이
낫겠네요.

→ It's far from here.
You'd better take a bus.

잇(ㅊ) 파- 프럼 히어. 유(ㄷ) 베더 테익 어 버스

far 멀리

○ 여기에서
박물관까지는
얼마나 멉니까?

→ How far is the museum from here?

하우 파- 이즈 더 뮤-지-엄 프럼 히어

○ 여기에서 멀어요?

→ Is it far from here?

이즈 잇 파- 프럼 히어

○ 걸어갈 수 있나요?

→ Can I walk there?

캔 아이 웍 데어

○ 걸어서 몇 분이나
걸리나요?

→ How long does it take by foot?

하우 러엉 더 짓 테익 바이 풋

○ 걸어서 5분이면
됩니다.

→ It's only 5 minutes' walk.

잇 초운리 파이(ㅂ) 미닛(ㅊ) 웍

○ 지금 제가 있는 곳이
   몇 가인가요?

→ **Which street am I on now?**
위취 스츠리잇 앤(ㄷ) 아이 언 나우

○ 이 지도에서
   제가 있는 곳이
   어디인가요?

→ **Where am I on this map?**
웨어 앰 아이 언 디스 맵

○ 죄송합니다.
   저도 이곳이
   처음입니다.

→ **I'm sorry.**
  I'm a stranger here.
아임 서-리. 아임 어 스츠레인저 히어

stranger (어떤 곳에) 처음 온 사람

기차

○ 뉴욕행 왕복 기차표
한 장 부탁합니다.

➔ **One round trip to New York, please.**
원 라운(ㄷ) 츠립 투 누-여억, 플리-(ㅈ)

○ 몇 등석으로
드릴까요?

➔ **Which class do you want?**
위취 클래(ㅅ) 두 유 원(ㅌ)

class 등급

○ 텍사스로 가는
침대칸 한 장 주세요.
위층으로
부탁합니다.

➔ **I'd like to take a sleeper to Texas. Up, please.**
아이(ㄷ) 라익 투 테익 어 슬리-퍼 투 텍서(ㅅ). 업, 플리-(ㅈ)

○ 열차의 배차 간격은
어떻게 되나요?

➔ **How often does the train come?**
하우 어-픈 더즈 더 츠레인 컴

➔ **Do you know how often the trains run?**
두 유 노우 하우 어-픈 더 츠레인(ㅅ) 런

○ 30분 간격으로
다닙니다.

➔ **Every 30 minutes.**
에브리 써-티 미닛(ㅊ)

○ LA행 열차는 몇 시에
출발합니까?

→ What time does the train for
LA leave?

왓 타임 더즈 더 츠레인 퍼 엘에이 리-(ㅂ)

○ 열차가 30분
연착됐습니다.

→ Our train arrived 30 minutes
behind schedule.

아워 츠레인 어라이븟 써-티 미닛(ㅊ) 비하인(ㄷ) 스케쥬울

지하철

○ 매표소는
어디입니까?

→ Where is the ticket counter?

웨어 이즈 더 티킷 카운터

○ 지하철 노선도를
받을 수 있을까요?

→ Can I have a subway map?

캔 아이 해 버 섭웨이 맵

→ A subway map, please.

어 섭웨이 맵, 플리-(ㅈ)

○ 어디에서 갈아타야
하나요?

→ Where should I transfer?

웨어 슈 다이 츠랜(ㅅ)퍼

→ Where do I change?

웨어 두 아이 체인쥐

transfer 갈아타다, 환승하다

○ 2호선으로
갈아타세요.

→ You can transfer to the number
two line.

유 컨 츠랜(ㅅ)퍼 투 더 넘버 투- 라인

○ 요금은 얼마입니까? → **How much is the fare?**

하우 머취 이즈 더 페어

○ 시청으로 나가는
출구가 어디인가요? → **Where is the exit for the City Hall?**

웨어 이즈 디 엑짓 퍼 더 시티 허얼

exit 출구, 나가다

○ 이 도시의 지하철은
노선이 몇 개인가요? → **How many lines are there in this city?**

하우 메니 라인 사- 데어 인 디스 시티

버스

○ 가까운
버스 정류장은
어디인가요? → **Where is the nearest bus stop?**

웨어 이즈 더 니어리숫 버스 스탑

○ 이 버스가 공항으로
가나요? → **Does this bus go to the airport?**

더즈 디스 버스 고우 투 디 에어퍼-(ㅌ)

○ 어디에서
  내려야 하는지
  알려 주시겠어요?

→ **Could you tell me where to get off?**
  쿠 쥬 텔 미 웨어 투 겟 어-(ㅍ)

→ **Please tell me when we arrive there.**
  플리-(ㅈ) 텔 미 웬 위 어라이(ㅂ) 데어

get off 떠나다, 출발하다

○ 버스가 끊겼어요.

→ **The bus stopped running.**
  더 버스 스탑(ㅌ) 러닝

→ **There is no bus at this time of night.**
  데어 이즈 노우 버스 앳 디스 타임 어(ㅂ) 나잇

○ 도중에 내릴 수
  있나요?

→ **Can I stop over on the way?**
  캔 아이 스탑 오우버 언 더 웨이

○ 이 자리
  비어 있습니까?

→ **Is this seat vacant?**
  이즈 디스 시잇 베이컨(ㅌ)

→ **Is this seat taken?**
  이즈 디스 시잇 테이큰

→ **May I sit here?**
  메이 아이 시잇 히어

vacant 비어 있는/ taken 차 있는

○ 여기에서
내리겠습니다.
➜ I'll get off here.
아일 겟 어-(ㅍ) 히어

택시

○ 택시를 불러
주시겠어요?
➜ Could you call me a taxi, please?
쿠 쥬 커얼 미 어 택시, 플리-(ㅈ)
➜ I'd like to call a taxi.
아이(ㄷ) 라익 투 커얼 어 택시

○ 여기에서 택시를
잡도록 하죠.
➜ Let's catch a taxi here.
렛(ㅊ) 캣취 어 택시 히어

catch (버스·기차 등을 시간 맞춰) 타다

○ 택시를 못 잡겠어요.
➜ I can't find a cab.
아이 캔(ㅌ) 파인 더 캡

○ 어디로 가십니까?
➜ Where to?
웨어 투
➜ Where would you like to go?
웨어 우 쥬 라익 투 고우

○ 공항으로 가 주세요.
➜ Can you take me to the airport?
캔 유 테익 미 투 디 에어퍼-(ㅌ)
➜ Airport, please.
에어퍼-(ㅌ), 플리-(ㅈ)

○ 이 주소로 가 주세요. → Take me to this address, please.
테익 미 투 디스 앳레(ㅅ), 플리-(ㅈ)
→ To this address, please.
투 디스 앳레(ㅅ), 플리-(ㅈ)

○ 제가 급하니까 지름길로 가 주세요. → I'm in a hurry, so please take a short cut.
아임 인 어 허리, 소우- 플리-(ㅈ) 테익 어 셔-(ㅌ) 컷

short cut 지름길

○ 빨리 가 주세요. → Step on it, please.
스텝 언 잇, 플리-(ㅈ)

○ 시간에 맞출 수 있을까요? → Can we make it?
캔 위 메익 잇

○ 속도를 좀 줄여 주시겠어요? → Can you slow down a little?
캔 유 슬로우 다운 어 리들
→ Please drive safely.
플리-(ㅈ) 드라이(ㅂ) 세입리

○ 저 모퉁이에 내려 주세요. → Drop me off at the corner.
드랍 미 어-(ㅍ) 앳 더 커-너
→ Pull over at the corner, please.
풀 오우버 앳 더 커-너, 플리-(ㅈ)
→ Let us off at the corner, please.
렛 어스 어-(ㅍ) 앳 더 커-너, 플리-(ㅈ)

pull over 길 한쪽으로 차를 대다

○ 다 왔습니다.

→ **Here we are.**
히어 위 아-

→ **Here's your stop.**
히어 쥬어 스탑

○ 제 가방을
꺼내 주시겠어요?

→ **Can you take out my bags?**
캔 유 테익 아웃 마이 백(ㅅ)

○ 요금은 얼마입니까?

→ **How much is it?**
하우 머춰 이즈 잇

○ 잔돈은 가지세요.

→ **Keep the change.**
키입 더 체인쥐

keep 가지고 있다

선박

○ 1등칸으로 한 장
   주세요.
→ One first-class coach, please.
   원 퍼-슷 클래(ㅅ) 코우춰, 플리-(ㅈ)

first-class coach 1등칸

○ 저는 배를 탈 때마다
   뱃멀미를 합니다.
→ I get seasick whenever I get in
   a boat.
   아이 겟 시-식 웨네버 아이 겟 인 어 보웃

seasick 뱃멀미하는

○ 승선 시간은
   몇 시입니까?
→ What time do we embark?
   왓 타임 두 위 임바-(ㅋ)

embark 승선하다

○ 다음 기항지는
   어디입니까?
→ Where are we calling at next?
   웨어 아- 위 커-링 앳 넥슷

○ 이제 곧 입항합니다.
→ We will soon be at a port.
   위 윌 수운 비- 앳 어 퍼-(ㅌ)

port 항구

○ 승객들은 모두 배에
   올랐습니다.
→ The passengers are all on board
   ship.
   더 패신저 사- 어얼 언 버-(ㄷ) 쉽

on board 배에 오른

Chapter 6

긴급상황도 OK!

긴급한 일이나 사고를 당하면,
평소에 침착하던 사람도 당황합니다.
그럴 때일수록, Calm down!
필요한 말을 찾아 위기를 잘 극복해 보세요!

Words

○**emergency** 이머-전씨
　n. 응급, 긴급

○**ambulance** 앰뷸런(ㅆ)
　n. 구급차

○**rescue** 레스큐-
　n. 구조
　v. 구조하다

○**hurt** 허-(ㅌ)
　n. 상처
　a. 다친, 부상한
　v. 다치게 하다

○**police** 펄리-(ㅆ)
　n. 경찰

○**police station** 펄리-(ㅆ) 스테이션
　n. 경찰서

○**declare** 디클레어
　v. 신고하다, 선언하다

○**witness** 윗니(ㅅ)
　n. 목격자

○ **robber** 라버
   n. 도둑, 강도

○ **pickpocket** 픽파킷
   n. 소매치기
   v. 소매치기하다

○ **swindler** 스윈들러
   n. 사기꾼

○ **accident** 액씨던(트)
   n. 사건, 사고

○ **traffic accident** 츠래픽 액씨던(트)
   교통사고

○ **fire** 파이어
   n. 화재

○ **fire truck** 파이어 츠럭
   n. 소방차

○ **earthquake** 어-쓰쿠에익
   n. 지진

응급상황

○ 응급상황이에요.

→ **This is an emergency.**
디스 이즈 언 이머-전시

emergency 긴급 사태

○ 병원까지 저를 좀
데려다주시겠어요?

→ **Could you please take me to
the hospital?**
쿠 쥬 플리-(ㅈ) 테익 미 투 더 하스피들

○ 친구가 쓰러져서
의식이 없습니다.

→ **My friend fell and is unconscious.**
마이 프렌(ㄷ) 펠 앤(ㄷ) 이즈 언컨셔(ㅅ)

unconscious 의식불명의

○ 다리를 심하게
다친 것 같아요.

→ **It seems like he hurt his legs
badly.**
잇 시임(ㅅ) 라익 히 허-(ㅌ)히스 렉(ㅅ) 뱃리

○ 정확한 상태를
말씀해 주시겠어요?

→ **Can you tell me what the exact
situation is?**
캔 유 텔 미 왓 디 익잭(ㅌ) 시츄에이션 이즈

exact 정확한

○ 응급실이 어디죠?

→ **Where's the emergency room,
please?**
웨어(ㅈ) 디 이머-전시 루움, 플리-(ㅈ)

380

○ 우리는 당장 그에게
응급 처치를 해야 해. → We have to give first aid to him
right now.
위 해(ㅂ) 투 기(ㅂ) 퍼-슷 에잇 투 힘 라잇 나우

구급차

○ 구급차 좀
보내 주시겠어요? → Could you send an ambulance?
쿠 쥬 센 던 앰뷸런(ㅅ)

ambulance 구급차

○ 구급차를
불러 주세요. → Could you please call
an ambulance?
쿠 쥬 플리-(ㅈ) 커얼 언 앰뷸런(ㅅ)

○ 구급차를 부를까요? → Should I call an ambulance?
슈 다이 커얼 언 앰뷸런(ㅅ)

○ 구급차를 바로
부를게. → I'll call an ambulance right now.
아일 커얼 언 앰뷸런(ㅅ) 라잇 나우

○ 어서 구급차를 불러. → Hurry and call an ambulance.
허리 앤(ㄷ) 커얼 언 앰뷸런(ㅅ)

○ 움직이지 못하게
하고 구급차가
도착할 때까지
기다려 주세요.

→ Don't let him move and wait
until the ambulance arrives.
도운(ㅌ) 렛 힘 무-(ㅂ) 앤(드) 웨잇 언틸 디 앰뷸런(ㅅ)
어라이브(ㅅ)

○ 구급차가 와요.

→ Here comes an ambulance.
히어 컴 전 앰뷸런(ㅅ)

○ 구급차가 바로
갈 겁니다.

→ An ambulance is on the way.
언 앰뷸런(ㅅ) 이즈 언 더 웨이

○ 구급차가 곧 그곳에
도착할 것입니다.

→ The ambulance will be right
over.
디 앰뷸런(ㅅ) 윌 비- 라잇 오우버

○ 다행히 구급차가
바로 왔다.

→ Luckily an ambulance arrived
shortly after.
럭킬리 언 앰뷸런(ㅅ) 어라이브(드) 셔-(ㅌ)리 애(ㅍ)터

○ 구급차가 올 때까지
제가 할 수 있는 것이
있나요?

→ Is there anything I can do before
the ambulance comes?
이즈 데어 애니씽 아이 캔 두 비퍼- 디 앰뷸런(ㅅ) 컴(ㅅ)

○ 제인은 구급차
들것에 눕혀졌다.

→ Jane was placed on an
ambulance stretcher.
제인 워즈 플레이슷 언 언 앰뷸런(ㅅ) 스트렛처

stretcher 들것

길을 잃음

○ 길을 잃었어요.

➡ I got lost.
아이 갓 러-슷

➡ I lost my way.
아이 러-슷 마이 웨이

➡ I missed my way.
아이 미슷 마이 웨이

lost 길을 잃은, 분실한
* get lost 길을 잃다/ be lost on ~에 효과가 없다

○ 지금 있는 곳이
어디인가요?

➡ **Where are you now?**
웨어 아- 유 나우

○ 여기가 어디인지
모르겠어요.

➡ I don't know where I am.
아이 도운(ㅌ) 노우 웨어 아이 앰

○ 주변에 보이는 것을
말씀해 주시겠어요?

➡ **Can you tell me what you can
see around you?**
캔 유 텔 미 왓 유 캔 시- 어라운 쥬

미아

○ 딸을 잃어버렸어요. → **My daughter is missing.**
마이 더-터 이즈 미싱

→ **I lost my daughter.**
아이 러-슷 마이 더-터

missing 행방불명의/ be missing 미아가 되다

○ 어디에서
잃어버리셨나요? → **Where did you lose her?**
웨어 디 쥬 루-(ㅈ) 허

→ **Where did you last see him?**
웨어 디 쥬 래슷 시- 힘

○ 인상착의를
알려 주세요. → **Please let me know the looks of
your child.**
플리-(ㅈ) 렛 미 노우 더 룩 서 뷰어 차일(ㄷ)

○ 여섯 살 난 제 아이가
사라졌어요. → **My six-year-old seems to have
disappeared.**
마이 식 시어 오울(ㄷ) 시임(ㅅ) 투 해(ㅂ) 디서피어(ㄷ)

○ 미아를 찾기 위한
방송을
해 주시겠어요? → **Could you make an
announcement for a missing
child?**
쿠 쥬 메익 언 어나운스먼(ㅌ) 퍼 어 미싱 차일(ㄷ)

a missing child 미아

○ 미아보호소가
어디예요? → **Where's the home for missing
children?**
웨어(ㅈ) 더 호움 퍼 미싱 칠드런

분실 사고

○ 분실물 보관소는
어디인가요?
➔**Where is the lost and found?**
웨어 이즈 더 러-슷 앤(ㄷ) 파운(ㄷ)

lost and found 분실물 센터
* lost article 분실물

○ 언제 어디에서
분실하셨나요?
➔**When and where did you lose it?**
웬 앤(ㄷ) 웨어 디 쥬 루- 짓

○ 신용카드를
잃어버렸습니다.
➔**I lost my credit card.**
아이 러-슷 마이 크레딧 카-(ㄷ)

○ 택시 안에 지갑을
두고 내렸어요.
➔**I left my purse in a taxi.**
아이 레픗 마이 퍼- 신 어 택시

purse 지갑
* wallet 지갑(영국)

○ 어디에서
잃어버렸는지
기억이 안 나요.
➔**I don't remember where I lost it.**
아이 도운(ㅌ) 리멤버 웨어 아이 러-슷 잇

○ 여기에서
휴대 전화를
보지 못했나요?
➔**Didn't you see a cell phone here?**
디든 츄 시- 어 셀 포운 히어

분실 신고 & 분실물 센터

○ 분실물은 저희가
책임질 수 없습니다.

→ We can't take responsibility for
the lost things.

위 캔(ㅌ) 테익 리스판서빌러티 퍼 더 러-숫 씽(ㅅ)

responsibility 책임, 의무

○ 분실물 신청용지를
작성해 주세요.

→ Fill out this lost luggage form.

필 아웃 디스 러-숫 러기쥐 퍼엄

luggage 짐(영국)
* baggage 짐

○ 분실한 짐을 찾으러
왔습니다.

→ I'm here to pick up my luggage
that I lost.

아임 히어 투 픽 업 마이 러기쥐 댓 아이 러-숫

○ 분실한 카드를
신고하려고 합니다.

→ I'd like to report a lost card.

아이(ㄷ) 라익 투 리퍼-(ㅌ) 어 러-숫 카-(ㄷ)

○ 어서 카드 분실
신고를 해.

→ You'd better hurry and report
the card missing.

유(ㄷ) 베더 허리 앤(ㄷ) 리퍼-(ㅌ) 더 카-(ㄷ) 미싱

○ 분실물 센터에
가 보는 게 좋겠다.

→ You should try the Lost and
Found.

유 슈(ㄷ) 츠라이 더 러-숫 앤(ㄷ) 파운(ㄷ)

○ 분실물 센터에 가서
  확인해 봐.

→ You'll have to check with the
  Lost and Found.

유일 해(ㅂ) 투 첵 윗 더 러-숫 앤(ㄷ) 파운(ㄷ)

도난

○ 도둑이야!

→ Thief!

씨-(ㅍ)

→ Robber!

라버

→ Stop thief!

스탑 씨-(ㅍ)

robber 강도, 도둑

○ 제 지갑을
  도단당했습니다.

→ My wallet was stolen.

마이 왈릿 워즈 스토울런

→ I've got my wallet stolen.

아이(ㅂ) 갓 마이 왈릿 스토울런

→ I was robbed of my purse.

아이 워즈 랍 터(ㅂ) 마이 퍼-(ㅅ)

→ I had my purse lifted.

아이 해(ㄷ) 마이 퍼-(ㅅ) 립팃

rob ~로부터 빼앗다

○ 그가 제 지갑을
  훔쳤습니다.

→ He stole my purse.

히 스토울 마이 퍼-(ㅅ)

○ 누가 제 가방을
가져갔어요.

→ Someone took my bag.
섬원 툭 마이 백

→ I have been mugged.
아이 해(ㅂ) 빈 먹(ㄷ)

mug (강도가) 습격하다

○ 강도를 당했어요.

→ I was robbed.
아이 워즈 랍(ㄷ)

○ 경비원을 불러
주세요.

→ Call a security officer.
커얼 어 시큐어러티 어-피서

○ 이웃에서 도난
사건이 몇 건 있었다.

→ There were several burglaries
in the neighborhood.
데어 워- 세버럴 버-그러리 진 더 네이버훗

burglary (주거 침입) 강도

○ 도난 신고했어요?

→ Did you report a burglary to
the police?
디 쥬 리퍼- 터 버-그러리 투 더 펄리-(ㅅ)

○ 그건
도난방지기예요.

→ That's a burglar alarm.
댓 쳐 버-그러 어라암

○ 그는 가게에서
물건을 훔치다가
걸렸다.

→ He got caught shoplifting.
히 갓 커웃 샵립팅

shoplifting 들치기

◦ 어젯밤에 우리 집에
도둑이 들었다.

➜ My house was robbed last night.
마이 하우(ㅅ) 워즈 랍(ㄷ) 래슷 나잇

➜ A thief broke in to my house last
night.
어 씨-(ㅍ) 브로욱 인 투 마이 하우(ㅅ) 래슷 나잇

◦ 외출한 사이 누가
방에 침입했습니다.

➜ Someone broke into my room
while I was out.
섬원 브로욱 인투 마이 루움 와일 아이 워즈 아웃

◦ 외출한 사이에
도둑이라도 들면
어쩌지?

➜ What if we get burgled while
we're going out?
왓 이(ㅍ) 위 겟 버-글(ㄷ) 와일 위어 고우잉 아웃

burgle ~에 도둑질하다(= burglarize)

소매치기

○ 소매치기야! → **Pickpocket!**
픽파킷

○ 소매치기 주의! → **Beware of pickpockets!**
비웨어 어(ㅂ) 픽파킷(ㅊ)

→ **Be alert for purse-snatchers!**
비- 얼러엇 퍼 퍼-(ㅅ) 스낵처(ㅅ)

beware 조심하다/ alert 방심하지 않는

○ 저놈 잡아요! → **Catch him!**
캣취 힘

○ 가방을 빼앗겼어요. → **My bag was snatched.**
마이 백 워즈 스내취(ㅌ)

→ **Someone snatched my bag.**
섬원 스낵취(ㅌ) 마이 백

snatch ~을 잡아채다

○ 소매치기가
내 지갑을 훔쳤어요. → **A pickpocket frisked me of
my wallet.**
어 픽파킷 프리슥(ㅌ) 미 어(ㅂ) 마이 왈릿

→ **A pickpocket walked off with
my purse.**
어 픽파킷 웍(ㅌ) 어-(ㅍ) 윗 마이 퍼-(ㅅ)

→ **I was robbed of my wallet by
a pickpocket.**
아이 워즈 랍 더(ㅂ) 마이 왈릿 바이 어 픽파킷

frisk 남으로부터 물건을 훔치다

○ 경찰을 부르겠어요.

➜ I'll call the police.
아일 커얼 더 펄리-(ㅅ)

○ 소매치기를
조심하세요!

➜ Beware of pickpockets!
비웨어 어(ㅂ) 픽파킷(ㅊ)

➜ Look out for pickpockets!
룩 아웃 퍼 픽파킷(ㅊ)

➜ Be alert for purse-snatchers!
비- 알러엇 퍼 퍼-(ㅅ) 스냇처(ㅅ)

look out for somebody[something]
~을 조심하다, ~에 주의하다

○ 여기에서는 지갑을
조심하세요.
소매치기 당하기
쉽거든요.

➜ Watch your wallet here.
It's easy to be pickpocketed.
왓춰 유어 왈릿 히어. 잇(ㅊ) 이-지 투 비- 픽파킷팃

○ 승객 여러분
소매치기를
조심하십시오.

➜ Passengers are warned against
pickpockets.
패신저 사- 워언(ㄷ) 어게인슷 픽파킷(ㅊ)

○ 소매치기가
내 눈앞에서 그것을
훔쳐갔어요.

➜ The pickpocket took it right
from under my nose.
더 픽파킷 툭 잇 라잇 프럼 언더 마이 노우(ㅈ)

○ 오늘 아침
지하철에서
소매치기를
당했어요.

➜ I was pickpocketed on the
subway this morning.
아이 워즈 픽파킷팃 언 더 섭웨이 디스 머-닝

사기

○ 사기를 당했습니다.   → I was ripped off.
아이 워즈 립 터-(ㅍ)

→ I have been cheated.
아이 해(ㅂ) 빈 치-팃

rip off ~을 훔치다, ~을 속이다

○ 사기로 돈을
떼였어요.   → I was jobbed out of my money.
아이 워즈 잡 다웃 어(ㅂ) 마이 머니

job 사기 쳐서 빼앗다

○ 그는 사기꾼이에요.   → He is a con artist.
히 이즈 어 컨 아-티슷

→ He is a damn swindler.
히 이즈 어 댐 스윈들러

con (남)을 속이다/ swindler 사기꾼

○ 사기 치지 마!   → Don't take me for a ride!
도운(ㅌ) 테익 미 퍼 어 라이(ㄷ)

○ 그건 순전히 사기야.   → It's all a do.
잇 처얼 어 두

→ It's a downright swindle.
잇 처 다운라잇 스윈들

downright (나쁜 의미로) 순전한/
swindle (돈 따위)를 사취하다

392

○ 그는 내게
  사기를 쳐서
  돈을 빼앗았다.

➔ He conned me out of money.
  히 컨(ㄷ) 미 아웃 어(ㅂ) 머니

➔ He has shaken me down.
  히 해즈 쉐이큰 미 다운

➔ He was jobbed out of my money.
  히 워즈 잡 다웃 어(ㅂ) 마이 머니

○ 그는 사기죄로
  체포됐다.

➔ He was arrested on a charge of
  fraud.
  히 워즈 어레스팃 언 어 차-쥐 어(ㅂ) 프러엇

➔ He was charged with fraud.
  히 워즈 차-쥐(ㄷ) 윗 프러엇

on a charge of ~의 죄로, ~의 혐의로

○ 그는 사기 행각을
  벌여서 체포되었다.

➔ He was arrested for having
  played the rogue.
  히 워즈 어레스팃 퍼 해빙 플레잇 더 로욱

○ 그는 날 협박해서
  돈을 사기 쳤어요.

➔ He's shaken me down.
  히즈 쉐이큰 미 다운

○ 택시 운전사한테
  사기당했어.

➔ I got ripped off by the cab driver.
  아이 갓 립 터-(ㅍ) 바이 더 캡 드라이버

○ 나는 그 사기꾼의
　말을 다 믿었다고.

→ I believed the con artist's story hook, line and sinker.

아이 빌리-브(ㄷ) 더 컨 아-티스(ㅊ) 스터-리 훅, 라인 앤(ㄷ) 싱커

hook, line and sinker 완전히

○ 그는 완전히
　사기꾼이야.

→ He is a crook inside out.

히 이즈 어 크룩 인사이 다웃

경찰 신고

○ 여기에서 가장
　가까운 경찰서가
　어디인가요?

→ Where is the nearest police station?

웨어 이즈 더 니어리숫 펄리-(ㅅ) 스테이션

○ 경찰을 불러 주세요.

→ Call the police.

커얼 더 펄리-(ㅅ)

○ 도난 신고를 하려고
　합니다.

→ I'd like to report a theft.

아이(ㄷ) 라익 투 리퍼- 터 쎄풋

○ 도난 증명서를
　만들어 주십시오.

→ Could you make out a report of the theft?

쿠 쥬 메익 아웃 어 리퍼- 터(ㅂ) 더 쎄풋

make out 작성하다

○ 어디에 신고해야 합니까?	→ **Where should I report it to?** 웨어 슈 다이 리퍼- 팃 투
○ 가까운 경찰서에 가서 신고하는 게 좋겠어요.	→ **You'd better come down to the station and report it.** 유(ㄷ) 베더 컴 다운 투 더 스테이션 앤(ㄷ) 리퍼- 팃
○ 한국 대사관에 연락해 주세요.	→ **Please call the Korean embassy.** 플리-(ㅈ) 커얼 더 커리-언 엠버시 → **I want to contact the Korean embassy.** 아이 원(ㅌ) 투 컨택(ㅌ) 더 커리-언 엠버시

embassy 대사관

교통사고

○ 교통사고 신고를 하려고 합니다.	→ **I want to report a car accident.** 아이 원(ㅌ) 투 리터- 터 카- 액시던(ㅌ)
○ 교통사고를 목격했습니다.	→ **I witnessed a traffic accident.** 아이 윗니스 터 츠래픽 액시던(ㅌ)

witness ~을 목격하다

○ 교통사고를
당했어요.

➔ I had a car accident.
아이 해 더 카- 액시던(ㅌ)

➔ My car has been in a traffic
accident.
마이 카- 해(ㅈ) 빈 인 어 츠래픽 액시던(ㅌ)

○ 그 차가
내 차의 측면을
들이받았어요.

➔ The car hit mine broadside.
더 카- 힛 마인 브러엇사이(ㄷ)

○ 정면충돌이었어요.

➔ It was a head-on collision.
잇 워즈 어 헤 도운(ㅌ) 컬리즌

collision 충돌

○ 그 교통사고는 언제
일어난 거죠?

➔ When did the traffic accident
happen?
웬 딧 더 츠래픽 액시던(ㅌ) 해픈

○ 하마터면 사고를
당할 뻔했어요.

➔ We almost got into an accident.
위 어얼모우숫 갓 인투 언 액시던(ㅌ)

➔ We had a close call.
위 햇 어 클로우(ㅅ) 커얼

have a close call 아슬아슬하게 살아나다

○ 사고 증명서를
만들어 주십시오.

➔ May I have an accident report,
please.
메이 아이 해 번 액시던(ㅌ) 리퍼-(ㅌ), 플리-(ㅈ)

○ 운전면허증을
보여 주세요.

→ I need to see your driver's license, please.

아이 니잇 투 시- 유어 드라이버(ㅅ) 라이센(ㅅ), 플리-(ㅈ)

○ 보험은 가입되어
있나요?

→ Is your car insured?

이즈 유어 카- 인슈어(ㄷ)

○ 보험의 유효 기간은
어떻게 되나요?

→ How long is this policy good for?

하우 러엉 이즈 디스 펄리-시 굿 퍼

○ 이곳은 교통사고
다발지점이에요.

→ This is an accident black spot.

디스 이즈 언 액시던(ㅌ) 블랙 스팟

→ This is a black spot for traffic accidents.

디스 이즈 어 블랙 스팟 퍼 츠래픽 액시던(ㅊ)

black spot 위험 지점, 사고 다발 지역

○ 음주 측정기를
부십시오.

→ Please blow into this breath analyzer here.

플리-(ㅈ) 블로우 인투 디스 브레쓰 애널라이저 히어

○ 정지 신호에서
멈추지
않으셨습니다.

→ You didn't stop for that stop sign.

유 디든(ㅌ) 스탑 퍼 댓 스탑 사인

안전사고

○ 그는 수영 중에
익사할 뻔했다.

→ He was nearly drowned while swimming.

히 워즈 니어리 드로운(ㄷ) 와일 스위밍

○ 바다에 빠진 소년은
익사했다.

→ The boy fed the fishes after falling into the sea.

더 버이 펫 더 피쉬 재(ㅍ)터 퍼-링 인투 더 시-

○ 그는 감전되어
죽을 뻔했다.

→ He was almost killed by an electric shock.

히 워즈 어얼모우슷 킬(ㄷ) 바이 언 일렉트릭 샥

electric shock 감전, 전기 충격

○ 계단에서
미끄러졌어.

→ I slipped on the stairs.

아이 슬립 턴 더 스테어(ㅅ)

○ 그는 미끄러졌지만
재빨리 난간을
잡았다.

→ He slipped but quickly caught hold of the railing.

히 슬립(ㅌ) 벗 쿠익리 커웃 호울 더(ㅂ) 더 레일링

○ 미끄러지지 않도록
조심하세요.

→ Watch your step so as not to slip.

왓취 유어 스텝 소우- 애(ㅈ) 낫 투 슬립

○ 오늘 아침에
빙판에서
미끄러졌어요.

→This morning I slipped on some ice.
디스 머-닝 아이 슬립 턴 섬 아이(ㅅ)

○ 돌에 걸려
넘어졌어요.

→I fell over a stone.
아이 펠 오우버 어 스토운

→I tripped on a stone.
아이 츠립(ㅌ) 언 어 스토운

○ 돌에 걸려
넘어지면서
발목을 삐었다.

→I tripped over a rock and sprained my ankle.
아이 츠립(ㅌ) 오우버 어 락 앤(ㄷ) 스프레인(ㄷ) 마이 앵클

○ 그녀는 중심을 잃고
넘어졌다.

→She lost her balance and tumbled over.
쉬 로숫 허 밸런스 앤(ㄷ) 텀블(ㄷ) 오우버

→She overbalanced herself and fell.
쉬 오우버밸런스(ㄷ) 허셀(ㅍ) 앤(ㄷ) 펠

○ 그녀는 발을 헛디뎌
넘어졌다.

→She lost her footing and fell down.
쉬 랏(ㅊ) 허 풋팅 앤(ㄷ) 펠 다운

lose one's footing 발을 헛딛다, 설 자리를 잃다

○ 자전거를 타다가
넘어졌어요.

→I fell off my bicycle.
아이 펠 어-(ㅍ) 마이 바이시클

○ 넘어져서 일어나지
못하겠어요.
→ I've fallen and can't get up.
아이(ㅂ) 퍼-른 앤(ㄷ) 캔(ㅌ) 겟 업

○ 할머니는 넘어져서
무릎을 다치셨어.
→ My grandma fell and banged
her knees.
마이 그랜(ㄷ)마 펠 앤(ㄷ) 뱅(ㄷ) 허 니-(ㅅ)

bang (신체 일부를) 쿵 하고 찧다

화재

○ 불이야!
→ Fire!
파이어

○ 소방서에
연락하세요.
→ Call the firehouse.
커얼 더 파이어하우(ㅅ)

○ 어젯밤에 화재가
났어요.
→ A fire broke out last night.
어 파이어 브로욱 아웃 래슷 나잇
→ A fire took place last night.
어 파이어 툭 플레이(ㅅ) 래슷 나잇
→ There was a fire last night.
데어 워즈 어 파이어 래슷 나잇

break out 발발하다, 발생하다

○ 그는 지난달에
  화재를 당했어요.

→ He suffered from a fire last
  month.
  히 서퍼(ㄷ) 프럼 어 파이어 래슷 먼쓰

→ He was caught in a fire last
  month.
  히 워즈 커웃 인 어 파이어 래슷 먼쓰

○ 어젯밤 화재로
  그 빌딩은 전소됐다.

→ Last night fire devastated the
  building.
  래슷 나잇 파이어 데버스테이팃 더 빌딩

devastate (한 장소나 지역을) 완전히 파괴하다

○ 그 화재는 누전으로
  인해 일어났다.

→ The fire was started by a short
  circuit.
  더 파이어 워즈 스타-팃 바이 어 셔-(ㅌ) 서-킷

→ The fire was caused by a
  leakage of electricity.
  더 파이어 워즈 커-즛 바이 어 리-키쥐 어(ㅂ) 일렉츠리서티

○ 화재가 나서
  사람들이 대피했다.

→ The people evacuated the town
  because of the fire.
  더 피-플 이베큐에이팃 더 타운 비커-(ㅈ) 어(ㅂ) 더 파이어

evacuate 대피시키다

○ 화재는 보통
  부주의해서
  발생한다.

→ Carelessness is often the cause
  of fires.
  캐어리스니(ㅅ) 이즈 어-펀 더 커- 저(ㅂ) 파이어(ㅅ)

- 소방관들은
  5분 만에 화재
  현장에 도착했다.

→ The firemen got to the fire in 5 minutes.

더 파이어멘 갓 투 더 파이어 인 파이(ㅂ) 미니(ㅊ)

- 우리는 화재가 나서
  대피했다.

→ We evacuated the town because of the fire.

위 이베큐에이팃 더 타운 비커- 저(ㅂ) 더 파이어

- 화재경보기가
  울리면 즉시
  여기에서 나가세요.

→ If the fire alarm goes off leave here quickly.

이(ㅍ) 더 파이어 어라암 고우 저-(ㅍ) 리-(ㅂ) 히어
쿠이클리

- 그 화재의 원인이
  뭐예요?

→ What was the cause of the fire?

왓 워즈 더 커-(ㅈ) 어(ㅂ) 더 파이어

- 그 화재 원인은
  확실하지 않아요.

→ The cause of the fire is unknown.

더 커-(ㅈ) 어(ㅂ) 더 파이어 이즈 언노운

- 해마다 이맘때면
  화재가 자주
  발생한다.

→ Fires are frequent at this time of the year.

파이어 자- 프리쿠언 탯 디스 타임 어(ㅂ) 디 이어

- 화재에서 발생한
  연기 때문에 목과
  눈이 화끈거렸다.

→ Acrid smoke from the fire burned my throat and eyes.

애크릿 스모욱 프럼 더 파이어 버언(ㄷ) 마이 쓰로웃 앤(ㄷ)
아이(ㅈ)

acrid (냄새나 맛이) 매캐한

지진

○ 간밤에 지진이
   일어났어요.

→ An earthquake was felt last
  night.

   언 어-쓰쿠에익 워즈 펠(ㅌ) 래슷 나잇

○ 지진으로 땅이
   갈라졌다.

→ The ground was cracked by the
  earthquake.

   더 그라운(ㄷ) 워즈 크랙(ㅌ) 바이 디 어-쓰쿠에익

   crack 금이 가다

○ 그 마을은 지진으로
   파괴되었다.

→ The village was destroyed by an
  earthquake.

   더 빌리쥐 워즈 디스츠로잇 바이 언 어-쓰쿠에익

○ 지진이 발생하면
   책상 밑으로
   들어가세요.

→ Please get under the table when
  the earthquake occurs.

   플리-(ㅈ) 겟 언더 더 테이블 웬 디 어-쓰쿠에익 어커(ㅅ)

○ 그 건물은 지진에도
   끄떡없었어요.

→ The building perfectly
  withstood the earthquake.

   더 빌딩 퍼펙틀리 윗스툿 디 어-쓰쿠에익

○ 지진이 빚은 참사는
   끔찍하다.

→ The earthquake created
  a disaster.

   디 어-쓰쿠에익 크리에이티 더 디재스터

○ 지진으로 인한
해일을 봐라.

→ Look a tidal wave driven by
the earthquake.

룩 어 타이들 웨이(ㅂ) 드리븐 바이 디 어-쓰쿠에익

○ 도쿄에 진도 8.2의
지진이 발생했다.

→ An 8.2 magnitude earthquake
hit Tokyo.

언 에잇 퍼인(ㅌ) 투 매그니튜웃 어-쓰쿠에익 힛 토우키오우

magnitude 규모

○ 부산에 리히터 규모
4에서 5의 지진이
발생했다.

→ An earthquake measuring
4.0 to 5.0 on the Richter scale
shook Busan.

언 어-쓰쿠에익 메저링 퍼- 퍼인(ㅌ) 오우 투
파이(ㅂ) 퍼인(ㅌ) 오우 언 더 릭터 스케일 슉 부산

○ 지진의 진앙지는
부산에서 400㎞
떨어진 해상이었다.

→ The epicenter of the earthquake
was 400km off Busan.

디 에피센터 어(ㅂ) 디 어-쓰쿠에익 워즈 퍼-헌드레(ㄷ)
킬로미터(ㅅ) 어-(ㅍ) 부산

○ 지진으로 많은
농작물이 피해를
입었다.

→ The earthquake caused much
damage to the crops.

디 어-쓰쿠에익 커-줏 머취 대미쥐 투 더 크랍(ㅅ)

crop (농)작물, 수확량

○ 이번 지진으로
수백만 명의
이재민이
발생했어요.

→ The earthquake left millions of
people homeless.

디 어-쓰쿠에익 레풋 밀련 서(ㅂ) 피-플 호움리(ㅅ)

○ 그들은 이미 지진
피해를 복구했다.

➡ **They've already recovered from the effect of the earthquake.**
데이(ㅂ) 어얼레디 리커버(ㄷ) 프럼 디 이펙(ㅌ) 어(ㅂ) 디 어-쓰쿠에익

○ 지진이 무섭지 않은
사람은 없다.

➡ **Nobody dread earthquakes.**
노우바디 드렛 어-쓰쿠에익(ㅅ)

dread 몹시 무서워하다

Chapter 7

너희들 덕에 편하구나!

이제는 휴대 전화나 인터넷 없이는 하루도 살 수 없을 거 같습니다.
휴대 전화를 집에 두고 나오면 안절부절!
인터넷이 잘 안되면 초조 불안!
편리해진 삶도 좋지만, 감성과 여유도 놓치지 말아요!
Feel free and easy!

Words

○ **computer** 컴퓨-터
n. 컴퓨터

○ **laptop computer** 랩탑 컴퓨-터
노트북컴퓨터

○ **keyboard** 키-버-(ㄷ)
n. 키보드

○ **mouse** 마우(ㅅ)
n. 마우스

○ **Wi-Fi** 와이파이
n. 와이파이, 무선 인터넷

○ **application** 애플리케이션
= **app** 앱
n. 애플리케이션, 앱

○ **turn on** 터언 언
켜다

○ **turn off** 터언 어-(ㅍ)
끄다

○ **telephone** 텔러포운
= **phone** 포운
n. 전화

○ **cellular phone** 쎌룰러 포운
= **cell phone** 쎌 포운
n. 휴대 전화

○ **call** 커얼
= **make a call** 메익 어 커얼
전화를 걸다

○ **answer the phone** 앤서 더 포운
= **take the phone** 테익 더 포운
전화를 받다

○ **SMS** 에쎔에(ㅅ)
= **text message** 텍슷 메시쥐
문자 메시지

○ **ring-tone** 링토운
n. 벨소리

○ **vibrate** 바입레잇
v. 진동모드로 하다

○ **charge** 차-쥐
v. 충전하다

컴퓨터

○ 컴퓨터를 켜고 끄는 법을 아세요?

➡ Do you know how to turn the computer on and off?
두 유 노우 하우 투 터언 더 컴퓨-터 언 앤 더-(ㅍ)

○ 컴퓨터를 사용할 줄 아세요?

➡ Do you know how to use a computer?
두 유 노우 하우 투 유- 저 컴퓨-터

○ 그녀는 컴퓨터를 잘 다룬다.

➡ She is proficient at operating the computer.
쉬 이즈 프러피시언 탯 오퍼레이팅 더 컴퓨-터

○ 그는 컴퓨터에 대해서 요모조모 잘 알고 있다.

➡ He knows the ins and outs of the computer.
히 노우(ㅈ) 디 인 샌 다웃 처(ㅂ) 더 컴퓨-터

ins and outs 자세한 내용

○ 저는 컴맹이에요.

➡ I'm computer-illiterate.
아임 컴퓨-터 일리터레잇

illiterate 무식한

○ 요즘 노트북컴퓨터는 필수품이 되어 버렸어.

➡ These days laptop computers are the necessary one.
디-즈 데이(ㅈ) 랩탑 컴퓨-터 사- 더 네서서리 원

○ 이번 주말에 내
새 컴퓨터 설치하는
것 좀 도와줄래요?

➔ **Would you be able to come over this weekend and help me set up my new computer?**

우 쥬 비- 에이블 투 컴 오우버 디스 위-켄 댄(ㄷ) 헬(ㅍ) 미
셋 업 마이 누- 컴퓨-터

○ 저는 컴퓨터를
어떻게 작동시키는지
모르는데요.

➔ **I don't know how to use a computer.**

아이 도운(ㅌ) 노우 하우 투 유(ㅈ) 어 컴퓨-터

○ 컴퓨터가 너무
느려서 파일이
안 열려.

➔ **My computer is extremely slow and won't open any files.**

마이 컴퓨-터 이즈 익스츠림리 슬로우 앤(ㄷ) 워운(ㅌ)
오우펀 애니 파일(ㅈ)

extremely 매우, 몹시

○ Alt, Ctrl, Delete
버튼을 눌러요.

➔ **Press Alt, Ctrl and Delete buttons.**

프레스 알(ㅌ), 컨츠럴 앤(ㄷ) 딜릿 버든(ㅅ)

○ 설치를 계속하려면
컴퓨터를 다시
시작해야 합니다.

➔ **Set up needs to restart your computer to continue.**

셋 업 니-(ㅈ) 투 리스타-(ㅌ) 유어 컴퓨-터 투 컨티뉴-

○ 컴퓨터가 고장 났어요.

➔ **My computer crashed.**

마이 컴퓨-터 크래쉬(ㅌ)

○ 바이러스 치료
프로그램을
실행시키세요.
→ **Run the antivirus program.**
런 디 안티바이러(ㅅ) 프로우그램

○ 그는 타자가 느리잖아,
독수리 타법이니까.
→ **He types so slowly, because he's a hunt-and-peck typist.**
히 타입(ㅅ) 소우- 슬로울리, 비커-(ㅈ) 히즈 어
헌 탠(ㄷ) 펙 타이피슷
hunt-and-peck (키보드를) 일일이 보고 치는 타자법

컴퓨터 모니터

○ 모니터가 켜져 있지
않았어요.
→ **The computer monitor wasn't turned on.**
더 컴퓨-터 마너터 워즌 터언 던

○ 모니터가 어떻게
된 거예요?
→ **What happened to your monitor?**
왓 해픈(ㄷ) 투 유어 마너터

○ 넌 이미 LCD
모니터가 있잖아?
→ **You already have an LCD monitor, don't you?**
유 어얼레디 해 번 엘씨-디- 마너터, 도운 츄

○ 그는 모니터를 딱
하고 껐다.
→ **He snapped off the monitor.**
히 스냅 터-(ㅍ) 더 마너터

snap off 툭 하고 끊다

○ 모니터가 나갔는데.

➔My screen died.
마이 스크리인 다잇

○ 모니터 화면이
흔들려요.

➔The monitor is fuzzy.
더 마너터 이즈 퍼지

fuzzy 흐린, 불분명한

컴퓨터 키보드 & 마우스

○ 그는 키보드로
입력하고 있어요.

➔He's typing on a keyboard.
히즈 타이핑 언 어 키-버-(ㄷ)

○ 메뉴의 밑줄 친
문자는 키보드
단축기로 항목을
선택할 수 있습니다.

➔The underlined letters in menus
indicate a keyboard shortcut
method to select the item.
디 언더라인(ㄷ) 레더 신 메뉴 신디케잇 어 키-버-(ㄷ)
셔-(ㅌ)컷 메쏘(ㄷ) 투 셀렉(ㅌ) 디 아이틈

indicate 지시하다/ shortcut 지름길, 손쉬운 방법

○ 그녀는 손가락으로
빠르게 키보드를
쳤다.

➔Her fingers quickly tapped out
a message on the keyboard.
허 핑거(ㅅ) 쿠익리 탭 타웃 어 메시쥐 언 더 키-버-(ㄷ)

tap 가볍게 치다

○ 키보드가 꼼짝도
안 하네요.

→ **The keyboard froze.**
더 키-버-(ㄷ) 프러(ㅈ)

freeze (시스템 고장으로 컴퓨터 화면이) 중단되다

○ 마우스로 아래쪽
화살표 버튼을
클릭하세요.

→ **Click the downward pointing
arrow button with your mouse.**
클릭 더 다운워-(ㄷ) 퍼인팅 애로우 버튼 윗 유어 마우(ㅅ)

○ 무선 마우스가
있으면 좋겠는데.

→ **I'd like a wireless mouse.**
아이(ㄷ) 라익 어 와이어리(ㅅ) 마우(ㅅ)

컴퓨터 프린터 & 복사기

○ 테스트 페이지를
프린터로 보내고
있어요.

→ **A test page is now being sent to
the printer.**
어 테슷 페이쥐 이즈 나우 비잉 센(ㅌ) 투 더 프린터

○ 프린터기에 토너가
떨어졌어요.

→ **The printer is out of ink.**
더 프린터 이즈 아웃 어(ㅂ) 잉(ㅋ)

○ 이 새 프린터
카트리지는
얼마나 하나요?

→ **How much do these new printer
cartridges cost?**
하우 머취 두 디즈 누- 프린터 카츠리쥐(ㅈ) 커-슷

○ 프린터기에
  종이가 걸렸어요.

→ The printer is jammed.
더 프린터 이즈 잼(ㄷ)

jam 쑤셔 넣다

○ 프린터 용지가
  다 떨어졌네요.

→ The printer is out of paper.
더 프린터 이즈 아웃 어(ㅂ) 페이퍼

○ 새 복사기 사용법 좀
  가르쳐 줄래요?

→ Can you show me how to use
the copier?
캔 유 쇼우 미 하우 투 유-(ㅈ) 더 카피어

○ 복사기에 걸린
  종이 빼는 것 좀
  도와줄래요?

→ Can you give me a hand to
un-jam this copy machine?
캔 유 기(ㅂ) 미 어 핸(ㄷ) 투 언 잼 디스 카피 머쉰

○ 복사기에 문제가
  있어요.

→ We're having problems with
the copier.
위어 해빙 프라블럼(ㅅ) 윗 더 카피어

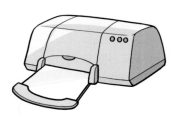

문서 작업

○ 워드프로세서 정도
  사용할 줄 알아요.

➔I only know how to use a word
  processor.
  아이 오운리 노우 하우 투 유(ㅈ) 어 워-(ㄷ) 프라세서

○ 저는 주로 한글
  프로그램을
  사용합니다.

➔I usually use the Hangul.
  아이 유-쥬얼리 유-(ㅈ) 더 한글

○ 엑셀 프로그램을
  잘 다루니?

➔Are you good at Excel?
  아- 유 굿 앳 엑셀

○ 열기 버튼을
  클릭해 봐.

➔Click the open button.
  클릭 디 오우펀 버든

○ 글자체를 고딕체로
  바꿔라.

➔Change the font to Gothic.
  체인쥐 더 판(ㅌ) 투 가씩

○ 글자 크기를 크게
  하면 어때?

➔How about enlarging the font
  size?
  하우 어바웃 언라징 더 판(ㅌ) 사이(ㅈ)

enlarge 크게 하다

○ 인용문은
파란색으로
표시해라.

→ **Mark the quotations in blue.**
마-(ㅋ) 더 쿠어테이션 신 블루-

quotation 인용문

○ 제목을 굵게
표시하는 게 낫다.

→ **It's better to make the headlines bold.**
잇(ㅊ) 베더 투 메익 더 헷라인(ㅅ) 보울(ㄷ)

○ 이 단락을 복사해서
네 문서에 붙여라.

→ **Copy the paragraph and paste it in to your document.**
카피 더 패러그랩 앤(ㄷ) 페이슷 잇 인 투 유어 다큐먼(ㅌ)

paste (데이터를) 붙여넣기 하다

○ 표와 그래프를
넣어 줄래요?

→ **Would you include tables and graphs?**
우 쥬 인클루(ㄷ) 테이블 샌(ㄷ) 그랩(ㅅ)

○ 이 문서를
txt 형식으로
저장해 줄래요?

→ **Would you save this file as a text file?**
우 쥬 세이(ㅂ) 디스 파일 애 저 텍슷 파일

○ 문서에 페이지
번호를 표시해
주세요.

→ **Please insert page numbers on the document.**
플리즈 인서-(ㅌ) 페이쥐 넘버 선 더 다큐먼(ㅌ)

insert 삽입하다

○ 문서를 인쇄할 때
프린터 아이콘이
작업 표시줄에
나타납니다.

→ **When you print a document, a printer icon appears on the taskbar.**
웬 유 프린 터 다큐먼(ㅌ), 어 프린터 아이칸 어피어 선 더 테슥바-

파일 저장 & 관리

○ 실수로 파일을
　지웠어요.

→ **I accidentally deleted the file.**
아이 액시던털리 딜리팃 더 파일

accidentally 우연히, 잘못하여

○ 원본 파일은
　갖고 있죠?

→ **Do you have the original file?**
두 유 해(ㅂ) 디 어리지널 파일

○ 아, 파일을 덮어써
　버렸네!

→ **Ah, I overwrote the file!**
아, 아이 오우버로웃 더 파일

overwrite 위에 겹쳐 쓰다

○ 프로그램을 닫기
　전에 파일 저장하는
　것은 중요하다.

→ **It's important to save the file
before you close the program.**
잇(ㅊ) 임퍼-턴(ㅌ) 투 세이(ㅂ) 더 파일 비퍼-
유 클로우(ㅈ) 더 프로우그램

○ 어느 폴더에
　저장했습니까?

→ **Which folder did you save it in?**
위취 포울더 디 쥬 세이 빗 인

○ 파일을 저장할 다른
　이름을 고르세요.

→ **Please choose a new name for
the file to be saved as.**
플리-(ㅈ) 추-(ㅈ) 어 누- 네임 퍼 더 파일 투 비- 세이(ㅂ)
대(ㅈ)

○ 이 파일에
비밀번호를
설정했어.

➔ I set a password for this file.
아이 셋 어 패스워-(ㄷ) 퍼 디스 파일

○ 자료는 외장하드에
백업했습니다.

➔ I backed up the data on my
portable hard drive.
아이 백 텁 더 데이터 언 마이 퍼터블 하-(ㄷ) 드라이(ㅂ)

portable 휴대용의

○ 손상된 파일을
복구할 수 있어?

➔ Could you restore the damaged
file?
쿠 쥬 리스터- 더 대미쥐(ㄷ) 파일

restore 복구하다

○ 정기적으로
바이러스 체크하는
것 잊지 마세요.

➔ Don't forget to check for a virus
on a regular basis.
도운(ㅌ) 퍼겟 투 첵 퍼 러 바이러 선 어 레귤러 베이시(ㅅ)

○ 10분마다
자동 저장되도록
설정했다.

➔ I set up automatically saves
unsaved data every 10 minutes.
아이 셋 업 어-터매티컬리 세입(ㅅ) 언세입(ㄷ) 데이터
에브리 텐 미닛(ㅊ)

○ 그 파일을 복사해서
내 USB에 저장해
주세요.

➔ Copy the file and save it in
my USB.
카피 더 파일 앤(ㄷ) 세이 빗 인 마이 유-에스비-

○ 파일이
손상되었거나
파일의 버전을
인식할 수 없어요.

➔ It might be corrupted or
an unrecognized version.
잇 마잇 비- 커럽팃 어 언 언리컥나이즛 버-전

corrupt 오류가 있는

인터넷

○ 인터넷 웹서핑
하면서 시간을
때우지.

➜ I surf the Internet to kill time.
아이 서-(ㅍ) 디 인터-넷 투 킬 타임

surf 서핑을 하다

○ 그냥 인터넷을
훑어보는 중이야.

➜ Just surfing the net.
저슷 서-핑 더 넷

○ 인터넷 하다 보면
시간 가는 줄
모르겠어.

➜ I don't care how time flies
surfing through the net.
아이 도운(ㅌ) 캐어 하우 타임 플라이(ㅈ) 서-핑 쓰루- 더 넷

○ 어떻게 인터넷에
접속하죠?

➜ How can I get online?
하우 캔 아이 겟 언라인

○ 인터넷에 접속되어
있어요?

➜ Are you connected to the
Internet?
아- 유 커넥팃 투 디 인터-넷

connect 연결하다, 접속하다

○ 애들이 인터넷
하느라고 정신이
없네요.

➜ The kids are busy with the
Internet.
더 키 자- 비지 윗 디 인터-넷

○ 요즘 인터넷으로
못 하는 게 없잖아.
→ Today, there is nothing we can't do through the Internet.
터데이, 데어 이즈 나씽 위 캔(ㅌ) 두 쓰루- 디 인터-넷

○ 인터넷으로 영어를
공부하려고 해.
→ I'm thinking of studying English through the Internet.
아임 씽킹 어(ㅂ) 스터딩 잉글리쉬 쓰루- 디 인터-넷

○ 인터넷이 안 되는데.
→ The Internet is not working.
디 인터-넷 이즈 낫 워-킹

○ 검색창에 키워드를
입력해 보세요.
→ Type the keyword in the search bar.
타입 더 키워- 딘 더 서-취 바-

○ 인터넷으로
그 회사의 정보를
알아봤어요.
→ I checked the information of that company on the Internet.
아이 첵(ㅌ) 디 인퍼메이션 어(ㅂ) 댓 컴패니 언 디 인터-넷

○ 저희 웹사이트를
즐겨찾기에
추가해 주세요.
→ Please add our website to your favorite.
플리-(ㅈ) 앳 아워 웹사잇 투 유어 페이버릿

add 추가하다/ favorite 즐겨찾기, 마음에 드는

○ 인터넷 뱅킹은 정말
편리하잖아.
→ It's very convenient to use the Internet banking.
잇(ㅊ) 베리 컨비-년(ㅌ) 투 유-(ㅈ) 디 인터-넷 뱅킹

이메일

○ 이메일 보내 줘.

➜ Email me.
이-메일 미

○ 이메일 주소가 뭐야?

➜ Could I get your e-mail address?
쿠 다이 겟 유어 이- 메일 앳레(ㅅ)

○ 이메일 계정이 무료니까 그걸로 신청해.

➜ Lay in for the e-mail account, it's free.
레이 인 퍼 디 이- 메일 어카운(ㅌ), 잇(ㅊ) 프리-

lay in for ~을 신청하다

○ 새로운 이메일 주소가 있습니까?

➜ Do you have a new e-mail address?
두 유 해 버 누- 이- 메일 앳레(ㅅ)

○ 제 이메일에 답장 주세요.

➜ Please make a reply to my e-mail.
플리-(ㅈ) 메익 어 리플라이 투 마이 이- 메일

○ 네게 보냈던 이메일이 반송되었는데.

➜ The e-mail that I had sent you was returned.
디 이- 메일 댓 아이 햇 센(ㅌ) 워즈 리터언(ㄷ)

○ 네 이메일에
첨부 파일이 없어.

➔There is no attachment in your
e-mail.

데어 이즈 노우 어태취먼 틴 유어 이- 메일

attachment 첨부물

○ 첨부 파일이
열리지 않아요.

➔I can't open the attachment.

아이 캔(ㅌ) 오우펀 디 어태취먼(ㅌ)

○ 로빈의 이메일을
전달해 줄게.

➔I'll forward Robin's e-mail to you.

아일 퍼-워(ㄷ) 라빈(ㅅ) 이- 메일 투 유

forward 전송하다

○ 그에게 이메일을
발송할 때 나도
참조로 넣어 주세요.

➔When you send him an e-mail,
put my address in the cc field.

웬 유 센(ㄷ) 힘 언 이- 메일, 풋 마이 앳레(ㅅ) 인 더 씨-씨-
피일(ㄷ)

cc (=carbon copy) 참조
(업무상의 서신이나 이메일을 참조로 받을 사람 앞에 씀)

○ 이메일로 더 자세한
정보를 받아 볼 수
있을까요?

➔Is it possible for me to get more
detailed information through
e-mail?

이즈 잇 파서블 퍼 미 투 겟- 머- 디테일(ㄷ) 인퍼메이션
쓰루- 이- 메일

○ 난 새해 인사를 벌써
이메일로 보냈어.

➔I've already e-mailed New Year's
greetings to everyone.

아이(ㅂ) 어얼레디 이- 메일(ㄷ) 누- 이어(ㅅ) 그리-팅(ㅅ)
투 에브리원

블로그

○ 블로그 하니? → **Do you blog?**
두 유 블락

○ 네 블로그를 → **Introduce your blog.**
소개해 줘. 인츠러듀-(ㅅ) 유어 블락

○ 내 블로그 방명록에 → **Please leave a note in the guest**
글을 남겨 주세요. **book of my blog.**
플리-(ㅈ) 리- 버 노웃 인 더 게숫 북 어(ㅂ) 마이 블락

leave a note 메모를 남기다

○ 내 블로그에 이번 → **I updated pictures of this trip on**
여행 사진 올렸어. **my blog.**
아이 업데이팃 픽쳐 서(ㅂ) 디스 츠립 언 마이 블락

update 갱신하다

○ 그의 블로그는 → **There is nothing special in his**
썰렁한데. **blog.**
데어 이즈 나씽 스페셜 인 히스 블락

○ 그녀의 블로그를 → **I know who she is after seeing**
보니, 그녀가 **her blog.**
어떤 사람인지 아이 노우 후 쉬 이즈 애(ㅍ)터 시-잉 허 블락
알 거 같아요.

○ 내 블로그 하루
　방문자가 백 명이
　넘어.

→Over 100 people visit my blog
every day.

오버 원 헌(ㄷ)레(ㄷ) 피-플 비짓 마이 블락 에브리 데이

visit (인터넷) 방문

휴대 전화

○ 휴대 전화 번호 좀
   알려 줘.
→ Can I get your cell phone number?

캔 아이 겟 유어 셀 포운 넘버

○ 내 번호를 네 휴대
   전화에 저장해 둬.
→ Save my phone number in your cell phone.

세이(ㅂ) 마이 포운 넘버 인 유어 셀 포운

○ 제 휴대 전화 번호가
   바뀌었어요.
→ I've changed my cell phone number.

아이(ㅂ) 체인쥐(ㄷ) 마이 셀 포운 넘버

○ 이거 최신 모델이지?
→ Is this the latest model?

이즈 디스 더 레이티슷 마들

○ 내 휴대 전화는
   최신형이다.
→ My cell phone is in the latest fashion.

마이 셀 포운 이즈 인 더 레이티슷 패션

in the latest fashion 최신형의
* be all the fashion 대유행이다

○ 휴대 전화 액정이
   큰데.
→ Your cell phone display is wide.

유어 셀 포운 디스플레이 이즈 와이(ㄷ)

426

○ 부재중 전화가
　두 통 왔다.

→ **I have missed 2 calls.**
아이 해(ㅂ) 미스(ㅌ) 투- 커얼(ㅅ)

○ 운전 중 휴대 전화를
　사용하지 마세요.

→ **Don't use your cell phone while driving.**
도운(ㅌ) 유-(ㅈ) 유어 셀 포운 와일 드라이빙

○ 네 휴대 전화는
　사용 중이거나
　꺼졌던데.

→ **Your mobile was either busy or turned off.**
유어 모우벌 워즈 이-더 비지 오어 터언(ㄷ) 어-(ㅍ)

휴대 전화 문제

○ 배터리가 얼마 없어.

→ **My battery is low.**
마이 배더리 이즈 로우

○ 휴대 전화가
　잘 안 터져요.

→ **The connection is bad.**
더 커넥션 이즈 뱃

connection 연락, 접속
* in connection with ~와 연락해서

○ 휴대 전화를 변기에
　빠뜨렸어.

→ **I dropped the cell phone in the night chair.**
아이 드랍(ㅌ) 더 셀 포운 인 더 나잇 체어

drop 떨어뜨리다/ night chair 실내 변기

휴대 전화 액정이 깨졌어.	→ My cell phone display is broken. 마이 셀 포운 디스플레이 이즈 브로우큰

휴대 전화 충전기 가져왔어?	→ Did you bring the charger of cell phone? 디 쥬 브링 더 차-저 어(ㅂ) 셀 포운

charger 충전기

어젯밤에 휴대 전화를 충전해 놨어야 했는데.	→ I should've charged the cell phone last night. 아이 슈드(ㅂ) 차-쥐(ㄷ) 더 셀 포운 레슷 나잇

charge 충전하다

휴대 전화 기능

휴대 전화로 아침 6시 모닝콜을 맞춰 놨어.	→ I set a wake-up call for 6:00 a.m. on my cell phone. 아이 셋 어 웨익 업 커얼 퍼 식(ㅅ) 에이엠 언 마이 셀 포운

휴대 전화로 계산해 보면 되지.	→ Calculate it with your cell phone calculator. 캘큘레잇 잇 윗 유어 셀 포운 캘큘레이터

calculate 계산하다

그녀는 휴대 전화로 사진 찍기를 즐긴다.	→ She likes to take pictures with her cell phone. 쉬 라익(ㅅ) 투 테익 픽쳐(ㅅ) 윗 허 셀 포운

○ 내 휴대 전화로
인터넷에 접속할 수
있다.

→ I can log onto the Internet
through my cell phone.

아이 캔 록 언투 디 인터-넷 쓰루- 마이 셀 포운

○ 여자 친구와
화상 통화를 해.

→ I make video calls with
my girlfriend.

아이 메익 비디오우 커얼(ㅅ) 윗 마이 거얼프렌(ㄷ)

○ 휴대 전화에
비밀번호를
걸어놨어.

→ I locked my cell phone.

아이 락(ㅌ) 마이 셀 포운

lock 자물쇠를 채우다

○ 해외에 가기 전에
휴대 전화
로밍서비스 하는 거
잊지 마.

→ Don't forget to have roaming
service before you go abroad.

도운(ㅌ) 퍼겟 투 해(ㅂ) 로우밍 서-비(ㅅ) 비퍼- 유 고우
업러엇

○ 내 휴대 전화에
최신 게임이 있다.

→ I have the newest games on
my cell phone.

아이 해(ㅂ) 더 누-이숫 게임 선 마이 셀 포운

○ 휴대 전화로
게임하고 있었지?

→ Were you playing games on
the cell phone?

워 유 플레잉 게임 선 더 셀 포운

○ 네 휴대 전화
컬러링이 좋은데.

→ I like the caller ring tone of
your cell phone.

아이 라익 더 커-러 링 토운 어 뷰어 셀 포운

문자 메시지

○ 문자 메시지 보내.

➜ Text me.
텍슷 미

○ 문자 메시지로
  보내 줄래요?

➜ Could you send me a text
  message?
쿠 쥬 센(ㄷ) 미 어 텍슷 메시쥐

text message 문자 메시지

○ 당신의 전화번호를
  문자 메시지로
  보내 주세요.

➜ Text me your phone number.
텍슷 미 유어 포운 넘버

○ 네 문자 메시지
  못 받았는데.

➜ I haven't received your text
  message.
아이 해븐(ㅌ) 리시븟 유어 텍슷 메시쥐

○ 시간 있을 때 문자
  메시지를 보내 줘.

➜ Send me a text message when
  you have time.
센(ㄷ) 미 어 텍슷 메시쥐 웬 유 해(ㅂ) 타임

○ 스팸 문자는 지겨워.

➜ I'm sick of cell phone spam mails.
아임 식 어(ㅂ) 셀 포운 스팸 메일(ㅅ)

be sick of ~에 넌더리 나다

430

○ 음성 메시지가 왔네. → I got a voice mail.
아이 갓 어 버이(ㅅ) 메일

벨 소리

○ 그 벨 소리 좋은데. → It is a good ring-tone.
잇 이즈 어 굿 링 토운

○ 인터넷에서
벨 소리를
다운로드 했지.
→ I downloaded a ring-tone
through the Internet.
아이 다운로우디 더 링 토운 쓰루- 디 인터-넷

ring-tone 벨 소리

○ 진동모드로
바꾸세요.
→ Turn your cell phone to vibrate.
터언 유어 셀 포운 투 바입레잇

vibrate 진동하다

○ 회의 전에 휴대
전화가 진동모드인지
확인해야 합니다.
→ Check your cell phone to vibrate
before the meeting.
첵 유어 셀 포운 투 바입레잇 비퍼- 더 미-팅

○ 영화 볼 때 벨 소리가
나지 않게 하세요.
→ Turn your ring-tone off when
we watch the movie.
터언 유어 링 토운 어-(ㅍ) 웬 위 왓취 더 무-비

turn off 끄다